本书受西北大学"双一流"建设项目资助

Sponsored by First-class Universities and Academic Programs of Northwest University

THE LEGAL REFORM OF
ISLAMIC COUNTRIES IN THE MIDDLE EAST
IN 20TH CENTURY

# 20世纪
# 中东伊斯兰国家的
# 法律变革

刘雁冰 著

社会科学文献出版社
SOCIAL SCIENCES ACADEMIC PRESS (CHINA)

# 前　言

　　伊斯兰法历史悠久，传统深厚，在世界法律体系中占据重要地位，但是近现代以来伊斯兰法遭到了西方法律文化的强力冲击和挑战。面对这前所未有的大变局，中东伊斯兰国家纷纷不同程度地引入了西方法，开启了中东伊斯兰国家的法律变革之路。20世纪前后土耳其、埃及、伊朗、沙特阿拉伯四个国家的法律变革之路就是这场席卷中东伊斯兰国家的法律变革的缩影。伊斯兰国家与西方国家法律文化差异巨大，因此进行法律变革尤为艰难。由于国情有所不同，上述四国选择的变革路径也不尽相同。20世纪中东伊斯兰国家的这场法律大变革影响深远，它体现了两种法律文化的冲突与融合。本书以时间为主要线索，梳理了从近现代直至当代以上述四国为代表的中东伊斯兰国家的法律变革之路，通过对不同时期中东伊斯兰国家的法律变革研究，旨在总结归纳出这些国家法律变革的共性与个性，力图找出其中规律，探寻如何在传统法律文化深厚的国家移植借鉴外来法律，以使本国法律体系与时俱进，适应社会发展的需要。

全书除绪论和结论外共分为五章。

第一章是"概述"。首先，介绍伊斯兰法产生与发展的几个阶段，然后阐释伊斯兰法包括《古兰经》、"圣训"在内的基本渊源；其次，分析伊斯兰法产生、发展过程中所呈现出来的几个特点；最后，评述伊斯兰法的发展及哈乃斐、马立克、沙斐仪和罕百里的四大教法学派的形成。

第二章是"奥斯曼帝国时期的法律变革"。首先阐释外来法律对早期伊斯兰法的影响，指出早期伊斯兰法主要受到习惯法、犹太教法、基督教法及罗马法的共同影响；其次着重分析奥斯曼帝国的"坦志麦特"改革，这是伊斯兰世界效法西方具有划时代意义的重要改革。奥斯曼帝国在法律改革中第一次采用大陆法系的形式颁布宪法、民法典、商法典等重要法典，开启了法典化的时代，也拉开了中东伊斯兰国家移植西方法进行法律现代化变革的序幕。

第三章是"现代中东伊斯兰国家的法律变革"。该章以土耳其、埃及和伊朗这三个国家的法律变革实践为代表分部门法阐述现代中东伊斯兰国家的法律变革。首先介绍土耳其的法律变革进程，包括宪法、商法及民法变革；其次介绍埃及的法律变革，包括宪法、商法、刑法及民法变革；再次介绍伊朗的法律变革，包括从伊朗变革初期的立宪革命到礼萨·汗的改革以及商法、刑法和民法的变革。最后还以《土耳其民法典》与《埃及民法典》为典型个案，做了比较分析研究，剖析两国法律变革路径的差异及其产生原因。

第四章是"当代中东伊斯兰国家的法律变革"。该章以伊朗、土耳其、埃及和沙特阿拉伯四个国家的法律变革之路为代表分部门法阐述当代中东伊斯兰国家的法律变革，其间着重论述了在伊斯兰革命前后法律改革给伊朗带来的巨大变化。首先介绍了伊朗的法律变革，从巴列维国王全盘西化的"白色革命"到霍梅尼激进的伊斯兰革命，包括商法、刑法和民法的变革；其次介绍了土耳其的法律变革，包括宪法、民法、商法和刑法的变革；再次介绍了埃及的法律变革，包括宪法、婚姻家庭法及司法制度的变革；最后介绍了沙特阿拉伯的法律变革，论述"三大法案"的出台以及商法、劳动法和司法制度的变革。

第五章是"20世纪中东伊斯兰国家法律变革的反思"。该章首先分析总结中东伊斯兰国家法律变革的四个典型代表移植西方法的特点以及影响法律移植的主要因素；其次分析伊斯兰法复兴的原因、表现及影响；最后提出对中东伊斯兰国家法律变革的反思，即在全球化背景下中东伊斯兰国家应该怎样理性看待传统与现代、本土文化与外来文化以及应当如何实现本土法与外来法的结合，并力图对这一问题给出自己的理解。

综合以上各章内容，本书得出的主要结论如下：第一，20世纪中东伊斯兰国家国情不同，因此各国的法律变革既有共性也有不同；第二，20世纪中东大多数伊斯兰国家的法律变革在历经波折后都不约而同地选择了走中间路线；第三，21世纪中东伊斯兰国家的法律变革应该处理好传统与现代、外来法律文化与本土法律资源间的关系；第四，21 世纪中东伊斯兰国家的法律变革必须重启"创制之门"，以使伊斯兰法与时俱进。

# 目 录

绪 论 ……………………………………………… 001

第一章 概述 ………………………………………… 016

  第一节 伊斯兰法的产生与发展 …………………… 016

  第二节 伊斯兰法的基本渊源 ……………………… 020

  第三节 伊斯兰法学及四大教法学派 ……………… 024

  第四节 伊斯兰法的特点 …………………………… 030

第二章 奥斯曼帝国时期的法律变革 ……………… 033

  第一节 外来法律对早期伊斯兰法的影响 ………… 034

  第二节 奥斯曼帝国的"坦志麦特"改革 ………… 043

第三章 现代中东伊斯兰国家的法律变革 ………… 048

  第一节 土耳其 ……………………………………… 048

第二节　埃及 …………………………………………… 056

第三节　伊朗 …………………………………………… 070

第四节　土耳其与埃及法律变革的比较 ……………… 080


第四章　当代中东伊斯兰国家的法律变革 …………… 087

第一节　伊朗 …………………………………………… 087

第二节　土耳其 ………………………………………… 104

第三节　埃及 …………………………………………… 121

第四节　沙特阿拉伯 …………………………………… 135


第五章　20 世纪中东伊斯兰国家法律变革的反思 …… 143

第一节　中东伊斯兰国家的法律移植 ………………… 143

第二节　伊斯兰法的复兴 ……………………………… 161

第三节　对中东伊斯兰国家法律变革的反思 ………… 177


结　论 …………………………………………………… 190


附录　中东伊斯兰国家相关法律目录 ………………… 196


参考文献 ………………………………………………… 212


后　记 …………………………………………………… 222

# 绪　论

## 一　选题背景及意义

伊斯兰法与伊斯兰教同生并存，伊斯兰法既是一种法律制度，又是一种法律文化，它是中东伊斯兰国家最典型的体现，同时也是伊斯兰教的核心和精华。不了解伊斯兰法就难以准确地把握中东伊斯兰国家的制度与文化。从中世纪至今，伊斯兰法一直在世界法律史上占据着重要地位。伊斯兰法系是世界上深具影响力的重要法系之一，是一个古老而又具生命力的法系。

与其他古老法律文化类似的是，近现代以来伊斯兰法遭到了西方法律文化的强烈冲击和挑战。面对这前所未有的大变局，中东伊斯兰国家纷纷不同程度地引入了西方法，开启了中东伊斯兰国家的法律变革之路。特别是 20 世纪前后，土耳其、埃及、伊朗、沙特阿拉伯（以下简称"沙特"）四个国家的法律变革之路就是这场席卷中东伊斯兰国家法律变革的缩影。伊斯兰国家与西方国家法律文化差异巨大，因此进行法律变革尤为艰难。上述四国国情有所不同，选择的变革路径也不尽相同。四国中土耳其较其他三国在移植西方法上走得最远，而沙特对待西方法最为保守，其余两国则尽力在保留伊斯兰法的基础上借鉴西方法，变革程度介于前二者之间。

20世纪中东伊斯兰国家的这场法律大变革影响深远，它体现了两种不同法律文化的冲突与融合，是研究大规模法律移植活动的绝佳考察样本。由于研究内容庞大、难度大，学界对这方面的研究还比较薄弱。鉴于研究伊斯兰法需要从宗教、法律等视角进行多维度的深入探讨，拥有法学专业背景的笔者以上述四国的法律变革为个案样本，从比较法学的角度对20世纪中东伊斯兰国家的法律变革进行研究，这无疑有着重要的学术价值和现实意义。

第一，无论是哪种法律文化都要不断变革以适应社会发展的需要，伊斯兰法也不例外。伊斯兰法也有法学繁荣、法学家辈出、不断"创制新法"的时代，然而后来却陷入盲从权威的困境。与此形成鲜明对比的是，西方法却逐渐摆脱中世纪天主教的封闭和保守，开启了创新的时代。随后伊斯兰世界持续面临来自西方列强的巨大压力，及至奥斯曼帝国瓦解后，在帝国的废墟上逐渐形成若干新的伊斯兰国家。在这些国家中，以帝国的继承者——土耳其为首的部分国家开始了向西方学习、全面移植西方法的法律变革，甚至将脱亚入欧作为国家变革的目标；而独立后的埃及在移植西方法时则尽力调和西方法与伊斯兰法的关系，希望在不放弃传统的同时进行平稳的法律变革；伊朗早期的法律变革与埃及类似，但是1979年的伊斯兰革命终止了这一进程，其后伊朗走上了伊斯兰法复兴之路；沙特因自身在中东伊斯兰世界特殊的地位导致其法律变革只是少量借鉴了西方法。上述四国法律变革之路各有不同，这也折射出了第三世界国家（包括中国在内）近现代以来面对西方强势文化来袭的不同反应。每当笔者看到奥斯曼帝国的"坦志麦特"改革，便会想到中国的洋务运动；看到《奥斯曼民法典》（马雅拉），就会忆及清末大规模的修律活动。研究20世纪中东伊斯兰国家的法律变革不仅能够帮助我们了解这些国家的法律变迁史，更重要的是"他山之石，可以攻玉"，如何看待和把握传统与现代、外来文化与本土文化的关系，正是我国近现代以来法律变革中面临的重要课题。深入研究这些国家的法律变革将会为我们提供一个全新的视角，有助于更深入地探讨我们自身的问题。

　　第二，伊斯兰法直至今日仍是一个"活"法系，在中东伊斯兰国家内部维持着法律效力。既移植西方法又不放弃伊斯兰法传统是大多数中东伊斯兰国家的共同选择。法律移植是一个非常复杂的课题，移植的效果取决于众多因素。从比较法学的角度深入研究20世纪中东伊斯兰国家的法律变革，有助于丰富对法律移植类型的认识：土耳其全面移植西方法；沙特固守伊斯兰法传统；埃及调和西方法与伊斯兰法；伊朗从激进西化转移到伊斯兰法复兴。从这些国家的法律移植之路中，可以找到法律变革的共性与个性。与此同时，以上四个案例也能启示我们：

即使是在相似的法律文化背景下，法律移植的效果也会有明显差异。诚如孟德斯鸠所言，法律与气候、土壤、贸易、人口、宗教、信仰、风俗习惯等有十分密切的关系。因此，要进行法律移植，就必须保持非常审慎的态度，要使移植的法律能够扎根本土，这一方面需要我们深入研究外来法律文化，尽量不引入有可能与移入地发生剧烈冲突的法律制度；另一方面则要加强对本土法律资源的研究，多引入与本土法律文化较为契合的法律，以保证移植法律的"成活率"。

第三，国内对伊斯兰法研究不多，且从法学角度进行研究的就更少了，至于以西方法为切入点，全面研究移植西方法促使20世纪中东伊斯兰国家法律产生巨大变革这一课题的还属空白。笔者竭力运用法学和史学的研究方法，主要从比较法的视角以土耳其、埃及、伊朗、沙特四国的法律改革实践为研究对象来研究这一课题，以期对此领域的研究有所助益。随着我国与中东伊斯兰国家在各个方面交往的不断深入，从不同角度对这些国家进行全方位的研究有着重要的学术价值和现实意义。

## 二 国内外研究现状

### （一）国内研究现状

国内对伊斯兰法的研究相对薄弱，大多数著作都是从宗教学角度进行研究，从法学角度进行研究的较为稀少，而从法学角度对 20 世纪中东伊斯兰国家法律变革进行专门系统研究的更是稀缺，相关内容散见于多部著作。

第一，从宗教学角度对伊斯兰法的研究。

20 世纪 80 年代以来，我国对伊斯兰法的研究有了长足的进步，学界陆续发表了一些学术论文，出版了一些学术专著。在这些专门研究伊斯兰法的学者中，首屈一指的当为中国社会科学院世界宗教研究所吴云贵先生。吴云贵先生从宗教法的角度研究伊斯兰法多年，发表了多篇十分有价值的学术论文，出版多部学术专著。他还将英国研究伊斯兰法的著名学者诺·库尔森的《伊斯兰教法律史》译成中文，并由中国社会科学出版社于 1986 年出版。其他诸如《伊斯兰教法概略》（中国社会科学出版社，1993 年）、《真主的法度——伊斯兰教法》（中国社会科学出版社，1994 年）和《当代伊斯兰教法》（中国社会科学出版社，2003 年）等著作从不同的角度，论述了伊斯兰教法的历史渊源、法律思想、法律理论、主要内容、学派及近现代伊斯兰教法的改革、当代伊斯兰教法的发展、伊斯兰教法与当代伊斯兰复兴运动的关系等内容，填补了我国伊斯兰教法研究的空白，是研究伊斯兰法的基础性中文资料。《伊斯兰教法概略》和《当代伊斯兰教法》两本著作从不同的角度阐释近现代伊斯兰教法的改革、当代伊斯兰教法的发展及伊斯兰教法与当代伊斯兰复兴运动的关系等内容。《真主的法度——伊斯兰教法》一书则是从伊斯兰教法的产生发展、中世纪伊斯兰教法的体系和司法制度、近现代伊斯兰教法的改革等方面进行了研究，其中涉及的内容有伊斯兰教法中的婚姻家庭继承制度、商事规则、瓦克夫法和刑事法律等。

对伊斯兰法研究卓有成果的学者还有马明贤先生。马明贤撰写了博士学位论文《近现代伊斯兰法研究》（西北大学，2005年），出版了《伊斯兰法：传统与衍新》（商务印书馆，2011年），对不同时期的伊斯兰法进行了详细梳理，特别论及了伊斯兰法在近现代的演变，指出伊斯兰社会的变革引起对西方法律的吸纳，同时西方法律也在对伊斯兰世界进行不断渗透和影响。他在《伊斯兰法：传统与衍新》一书中还把伊朗、沙特和埃及作为个案进行了研究，并对伊斯兰法在伊斯兰国家中的地位和作用、伊斯兰法的法典化、伊斯兰法的创制、伊斯兰法中的人权观等问题进行了深入研究。

第二，从法学角度对伊斯兰法的研究。

清华大学法学院高鸿钧教授长期致力于从法学特别是比较法学与法社会学的角度来系统研究伊斯兰法。高鸿钧先生已发表多篇具有较高学术价值的伊斯兰法论文，并于2004年完成了专著的修订版，即《伊斯兰法：传统与现代化（修订版）》（清华大学出版社，2004年）的出版。该书共分为上下两篇：上篇是关于伊斯兰法与伊斯兰社会关系的论述；下篇是关于伊斯兰法与法律现代化的论述。特别值得注意的是，该书的下篇系统阐述了近现代以来伊斯兰世界移植西方法引发的重大法律变革。在下篇的第七章"外来的影响：对西方法律的接受"

中，作者详细梳理了伊斯兰世界引进西方法的过程、特点及后果，并就其中原因进行了深入的剖析。在下篇其后的几章中，作者还从家庭法、宪政及人权法等领域进一步就法律变革的具体内容进行了比较研究。移植西方法固然是近现代伊斯兰世界法律变革的主流，但是当代伊斯兰法的复兴浪潮也不可小视。该书对伊斯兰法复兴的过程与表现、样态与特点、起因与背景进行了深入的研究。该书的最后一章提示我们，伊斯兰法走向现代化的变革之路充满着冲突与抉择，仍然任重道远。该书内容令人耳目一新，研究视角独特，出版后在学界被频繁引用，是一部具有较高学术价值的高质量著作。如果与吴云贵先生的著作相比，该书的最大特点，诚如吴云贵先生在为该书所作的序言中所言："如果说拙著《伊斯兰教法概略》更多的是从宗教学角度来研究宗教法学，而本书则侧重于从比较法学和社会法学的角度来研究宗教法学，可谓相辅相成，相得益彰。"

国内还有一些学者虽未对伊斯兰法进行专门系统的研究，但他们在自己的著作仍然或多或少地涉及伊斯兰法近现代的变革的相关内容。其中以王云霞的《东方法律改革比较研究》（中国人民大学出版社，2002 年）与肖光辉的《法律移植与传统法律文化的变迁——基于中、日、印、土亚洲四国的观察》（山东人民出版社，2010 年）这两本著作为代表。王云霞著作中第三章"伊斯兰世界的法律改革"主要论述了伊斯兰国家法律改革的背景、进程、方法、特点及后果，而肖光辉著作中第三章则是将法律移植与土耳其传统法律的变迁作为切入点。

国内从法学角度对近现代伊斯兰法变革研究的学术论文也很少，择要介绍如下。洪永江、贺鉴的《伊斯兰法与中东伊斯兰法国家法律现代化》（《阿拉伯世界》2002年第1期），就西方法对伊斯兰法现代化的影响及伊斯兰法在中东伊斯兰国家的复兴进行了分析。徐国栋的《一个正在脱亚入欧的国家的奋斗——土耳其民法典编纂史》（《比较法研究》2006年第2期）及《1948年〈埃及民法典〉：浴水中的婴儿》［《法律科学》（西北政法学院学报）2008年第1期］，分别将土耳其和埃及两国民法典的变革作为研究对象。蒋军洲的《伊斯兰埃及民法典西化的成功与失败》（《河北法学》2008年第1期）对埃及民法典借鉴移植西方法后的得失、利弊进行了深入的分析。

总体而言，当前我国对伊斯兰法的研究还不够充分，既不全面也不系统，许多关于伊斯兰法的重要问题仍未引起学界的关注并予以充分研究，也未构建起一个完整的伊斯兰法研究体系。就现有著作而言，也多限于从伊斯兰教法的角度进行研究，而像高鸿钧先生这样从比较法学等纯法学角度研究的更属凤毛麟角。因此，对伊斯兰法的研究，特别是从法学角度对近现代伊斯兰法的变革进行研究在我国学界仍然属于亟待加强的领域，相信运用法学方法来构建新的研究体系定会对我国伊斯兰法的整体研究大有裨益。

## （二）国外研究现状

近代以来，西方国家对伊斯兰法的研究十分重视，形成了专门从事伊斯兰法研究的队伍，出现诺·库尔森等一批著名的学者，发表和出版了数量可观、具有重要学术价值的与伊斯兰法相关的论文和专著。但在西方学界，关于"近现代以来中东伊斯兰国家引入西方法对原有法律体系造成强烈冲击，促使法律发生巨大变革"的学术论著还很少。其中的代表性著作有英国学者诺尔曼·安德森的《伊斯兰世界的法律改革》（*Law Reform in the Muslim World*）一书。

我国翻译出版的第一部有关伊斯兰法的专著是1950年由月华文化服务社出版的埃及著名学者胡祖利的《回教法学史》，但其流传范围有限。全书共分为20章，主要阐释了伊斯兰法产生、发展与演变的过程。此书对伊斯兰法学的形成及演变，各大教法学派的形成、分歧，主要教法学家的思想及著作也作了较为深入的探讨。该书资料翔实、内容丰富，在伊斯兰世界具有较大影响，被一些伊斯兰国家作为教法参考书使用。

诺·库尔森所著的《伊斯兰教法律史》（*A History of Islamic Law*）于1964年出版，1971年再版，1978年由爱丁堡大学出版社发行普及本，作为英国高等院校相关专业的教学参考书。该书1986年由我国学者吴云贵先生翻译为中文并在中国出版，在国内产生较大影响。全书分为绪论、正文及结束语三大部分，共有十四章。该书绪论指出了法律史在伊斯兰法学中的地位；第一部分阐述了伊斯兰法的起源，包括伊斯兰法的立法与实践及早期伊斯兰不同教法学派的形成发展与演变过程；第二部分论述了中世纪伊斯兰教法学说和实践，着重分析了神权和伊斯兰法的关系；值得一提的是，书中的第三部分论及了近现代伊斯兰法的变革，主要评述了 19 世纪以来伊斯兰法面对西方法的压力而自发主动地进行改革的历程。在结束语中，库尔森展望了伊斯兰法的未来，他认为法律也应是与时俱进的。

英国学者诺尔曼·安德森 1976 年由伦敦大学出版社出版的《伊斯兰世界的法律改革》一书是少有的全面且直接以伊斯兰世界法律改革为题的著作。其后来成为论及伊斯兰世界法律改革内容时引用率很高的一部著作。该书共分四章。第一章，改革的背景及面临的压力；第二章，改革的宗旨和方法；第三章，改革的成就和后果；第四章，改革中存在的问题及展望。作者就伊斯兰世界的法律改革进行了广泛的论述，研究重点主要在于伊斯兰传统法律本身的改革。

此外，还有一些著作对伊斯兰法进行了全面介绍。其中：《伊斯兰法概述》[①] 主要梳理了伊斯兰法的理论、实践与历史，集中探讨了前现代时期的伊斯兰法及殖民地时期伊斯兰

---

① Wael B. Hallaq, *An Introduction to Islamic Law*, Cambridge: Cambridge University Press, 2009.

法的变迁，在最后部分展望了伊斯兰法的未来发展；《伊斯兰教法律史》①主要追溯了伊斯兰法的起源及其从中世纪直至现代的发展演变过程；《理解伊斯兰法：从古典到当代》②对伊斯兰法的基本概况进行全面介绍，内容涵盖了伊斯兰法中的刑法、人权法、合同法及家庭法等部门法；《伊斯兰法的现代视野》③全面介绍了传统及现当代的伊斯兰法，阐释了伊斯兰法的概念、渊源及法律发展的各个阶段，重点探讨了现当代伊斯兰法中的一些重要制度，如利息、议会、伊斯兰司法制度等；《沙里亚：当代的伊斯兰法》④是研究伊斯兰丛书中的一卷，其研究的重点在于当代社会的穆斯林如何理解和适用沙里亚，其介绍了十位著名学者对当代伊斯兰法和穆斯林思想的观点，研究了一系列有关伊斯兰法的重要问题，从现代伊斯兰世界的正义、公义、自然法思想到民主、社会契约和权威教法学家的理论与实践，着重梳理了在过去的两个世纪中沙里亚是如何发展衍变的，探讨了伊斯兰法的本质，法律的解释、适用以及伊斯兰法的改革和复兴。还有一些著作是从具体的法律部门

---

① Noel J. Coulson, *A History of Islamic Law*, Edinburgh: Edinburgh University Press, 1994.

② Hisham M. Ramadan, *Understanding Islamic Law: From Classical to Contemporary*, MD: AltaMira Press, 2006.

③ Ann Black, Hossein Esmaeili, Nadirsyah Hosen, *Modern Perspectives on Islamic Law*, Cheltenham: Edward Elgar Publishing Ltd., 2013.

④ Frank Griffel, Abbas Amanat, eds., *Shari'a: Islamic Law in the Contemporary Context*, CA: Stanford University Press, 2007.

来进行研究的。如《伊斯兰国家的宪政》① 多视角地梳理了多个伊斯兰国家的宪政经验，着重分析了其中的利害得失，并在此基础上探讨了新时代背景下在伊斯兰国家确立宪政所面临的重重挑战；《伊斯兰法与民法典：埃及的财产法》② 一书认为传统的伊斯兰法是埃及财产法的基础，并就此追溯了伊斯兰法在埃及的发展历史，阐释了其作为《埃及民法典》的重要渊源在现代化进程中是如何调整发展的，由此说明了伊斯兰法衍变的复杂性和多样性。

## 三　研究思路及方法

对 20 世纪中东伊斯兰国家的法律变革进行全面研究是一项复杂的大工程，因此梳理出研究思路是非常重要的。本书以时间为主线，以土耳其、埃及、伊朗和沙特这四个有代表性的中东伊斯兰国家的法律变革为研究对象，对从近代奥斯曼帝国时期开始引入西方法到现代全面移植西方法再到当代伊斯兰法复兴运动的变革历程进行了较为全面的研究。其间为更好地阐释不同国家法律变革的差异，笔者还尝试以四个国家的民法典作为案例进行比较分析研究，以期通过对它们的考察来发现不

---

① Rainer Grote, Tilmann Röder, *Constitutionalism in Islamic Countries: Between Upheaval and Continuity*, Oxford: Oxford University Press, 2012.

② Richard A. Debs, *Islamic Law and Civil Code: The Law of Property in Egypt*, New York: Columbia University Press, 2010.

同中东伊斯兰国家法律变革路径的差异，折射出因国情不同而导致的法律变革复杂性。

本书以马克思唯物主义历史观为指导，借鉴彭树智先生的"文明交往论"将 20 世纪中东伊斯兰国家的法律变革作为研究主题，在研究方法的使用上，本书具有如下特点。

第一，本书以法学的研究方法为主，特别是运用比较法学、法社会学的方法，同时也注意吸收和借鉴其他学科的理论与研究方法。注重运用历史分析法，将研究对象的产生、发展及演变等置于特定的历史背景，梳理其发展进程，全面分析总结其发展规律。在此基础上运用文献分析方法，通过查阅和研究文献资料丰富本书的写作内容，充实研究成果。为了从不同层面探讨伊斯兰世界的法律变革，还需要借鉴宗教学、社会学、政治学、经济学等不同学科的理论及研究方法。综合运用纵向和横向结合、法学和史学交叉的研究方法，对法律制度变迁的历史轨迹进行全方位的探究，分析其在不同时期的特点，归纳其在现代化过程中的发展趋势。

第二，本书采取宏观与微观、个案与整体相结合的研究方法。本书的主体框架是从宏观上以时间为线索来分析近现代四个有代表性的中东伊斯兰国家在不同历史时期的法律变革之路，鉴于具体问题的复杂性，又在其间加入个案考察的内容予以支撑。

第三，本书在研究中还广泛采用了比较的分析方法。本书选择近现代四个有代表性的中东伊斯兰国家作为研究对象，四国国情各异，法律变革之路也不完全相同。通过对四国的比较分析可以更清晰地发现其中的差异，同时也可以通过个案比较找出这些差异形成的原因。

本书以时间为线索，梳理了近现代伊斯兰法吸纳西方法后产生的变革，而到了当代，中东伊斯兰国家法律体系又呈现出新的特点，以伊朗为代表的一些国家转而又开始强调传统的伊斯兰法。笔者据此进一步分析了过往法律变革的特点，并在此基础上提出了自己的观点。

# 四　特色和创新点

本书在前人研究成果的基础上，在以下方面具有一定的特色和创新。

第一，研究角度与内容创新。目前国内学界对伊斯兰法研究较少，从法学角度对伊斯兰法进行全面研究的专著只有清华大学高鸿钧先生的《伊斯兰法：传统与现代化》，且相关学术论文也极少。至于从伊斯兰法移植吸纳西方法而发生法律变革角度研究伊斯兰法的，笔者在国内还未发现有相关著作。因此这个选题很有进一步深入研究的必要性，研究角度及内容都具有创新性。

第二，基本观点创新。本书是国内从法律特别是比较法学角度对中东伊斯兰法律制度的变革进行系统研究的初次尝试。在探究中东法律制度的历史变迁后，笔者认为：中东许多伊斯兰国家均不同程度地受到外来法律的影响，本土法律面临极大挑战，法律制度呈现多元化特点。在伊斯兰复兴浪潮的影响下，如何理性看待传统与现代、本土文化与外来文化，实现本土法与外来法的结合是一个重要课题。

第三，研究方法多元。本书采取宏观与微观、个案与整体相结合的研究方法，运用法律分析、历史分析等方法对中东伊斯兰国家法律制度的变革进行系统研究，在研究内容、研究方法、研究思路等方面都有不同程度的深化，具有一定的理论价值和现实意义。

第四，文献资料多元化。本书参考的资料丰富多样，大多援引法学类著作对法律进行评析。同时，本书参考了许多外文书籍，资料较翔实，力求做到言之成理，论之有据。

第五，内容系统化。在前人研究的基础上，本书将近现代以来中东伊斯兰国家的法律制度分成近代、现代与当代这三个时期进行研究，时间跨度较大，其中在每一个历史时期又分国别分部门法进行研究，代表国家涉及土耳其、埃及、伊朗和沙特四国，部门法涉及宪法、民商法、刑法、诉讼法及司法制度等方面，研究较为全面深入，力图为读者系统地展现中东伊斯兰国家法律制度变革的全貌。

# 第一章　概述

　　伊斯兰法系是当前世界公认的几大法系之一①，它以伊斯兰教为基础，在长期的历史发展过程形成了自己独特的传统法律文化。关于伊斯兰法的概念、内涵，学界有不同看法。伊斯兰法通常是指以《古兰经》为基础，以沙里亚法为核心的法律制度的总称。其内容主要是有关穆斯林的一系列行为规则，属于典型意义的属人法，具有宗教、道德、法律三位一体的特色。它被视为真主意志的体现，故又称天启律法。

## 第一节　伊斯兰法的产生与发展

　　一般认为，伊斯兰法从产生、发展直至完善前后共经历约三个世纪，直到 10 世纪末"伊智提哈德（Ijtihad，意为'创

---

　　①　法系是指拥有共同法律传统的若干国家和地区的法律的集合体，它是一种超越国家和地区的法律现象，世界上公认的现存法系主要有英美法系、大陆法系及伊斯兰法系等。

制'）之门"关闭为止。伊斯兰法与其他法律体系不同，伊斯兰教是一种两世兼重且实行政教合一的宗教，所以伊斯兰法的内容涉及穆斯林社会生活的方方面面，范围甚广，内容也十分庞杂，可谓诸法合体，公私（民刑）不分，程序法与实体法也不分。就它的主要法律渊源而言，首先最重要的就是《古兰经》，它是先知的启示性言行，真主意志的体现；其次是"圣训"，即先知穆罕默德的言行及默示，因先知是真主在人间的使者，他的言行及默示亦是对《古兰经》最重要的补充。此外，教法学家还采用类比和公议的方法来创制新的法律规则。

## 一 伊斯兰法的概念

伊斯兰法是适用于全体伊斯兰教信徒（即穆斯林）的有关宗教、政治、社会、家庭和个人的生活准则的总称。它以伊斯兰教的经典《古兰经》为基础，以先知穆罕默德的言行记录"圣训"为辅助权威，以伊斯兰教法学家的"公议"和"类比"等为补充。伊斯兰法是典型的宗教法，伊斯兰法与伊斯兰教联系紧密，宗教与法律很难区隔，穆斯林认为伊斯兰教不仅是宗教信仰，更是一种生活准则；《古兰经》既是宗教典籍又是最根本的法律渊源，教义与教法不分。

## 二 伊斯兰法的产生与发展

伊斯兰教与伊斯兰法是两种不同的社会现象，但是它们联系非常紧密,可谓"异中有同,同中有异","法律意识与宗教观念互相渗透,法律规范与宗教规范也互相转化"①,伊斯兰教法大体上是伴随伊斯兰教的创立而产生的,在统一的阿拉伯国家形成后逐渐发展演变。早期伊斯兰法的发展可以分为以下三个阶段。

(一)形成时期(公元7世纪初至8世纪中叶)

公元 6 世纪末至 7 世纪初,阿拉伯半岛正处于氏族解体的阶段。内忧外患不断,认主独一的伊斯兰教适时兴起正是各阶层民众要求建立起强大统一的阿拉伯国家在意识形态领域的集中反映。

伊斯兰教的创始人穆罕默德在年轻时就接触到了各种不同的宗教与文化。有观点认为犹太教和基督教的思想对他创教产生一定影响,他反对信仰多神,要求人们奉宇宙间唯一的真神——真主安拉。后来穆罕默德与他的信徒遭到麦加贵族的迫害,于公元 622 年出走麦地那,并在那里建立了政教合一的穆斯林政权组织形式。公元 630 年,穆罕默德打败了麦加贵族,使之皈依了伊斯兰教并承认穆罕默德是安拉的使者,很快整个阿拉伯半岛的居民基本上都皈依了伊斯兰教,还在穆斯林公社的基础上建立了政教合一的阿拉伯国家。在穆罕默德创立伊斯兰教和阿拉伯国家的过程中,伊斯兰法随之产生。

① 杨振洪:《伊斯兰法与伊斯兰教的比较研究》,《比较法研究》1988 年第 4 期,第 45 页。

公元 632 年，穆罕默德去世。其继任者作为政教合一的国家领袖被称为"哈里发"（Khalīfah），意为"使者的继承人、代理人"。最初的继任者（也即"四大哈里发"）都是从穆罕默德身边的亲密战友中产生的，四大哈里发分别是伯克尔、欧麦尔、奥斯曼和阿里。四大哈里发集宗教、军事、行政和司法大权于一身，对《古兰经》和"圣训"的内容也十分熟悉和精通。倭马亚王朝（661～750 年）建立后，哈里发成为世袭职位。此后历代哈里发不断发动对外战争、扩张版图，直到公元 8 世纪中叶形成横跨欧、亚、非三大洲的阿拉伯帝国，伊斯兰法亦在其间不断发展完善。

这一阶段，作为伊斯兰法最高法律渊源的《古兰经》由第三任哈里发奥斯曼定本，称为"奥斯曼本"，这也是后来全世界通行的《古兰经》的权威版本。记录了先知穆罕默德言行的"圣训"也已开始传述，并逐步开始形成了一些"圣训"的汇编。教法学研究随之出现，并形成了一些早期的教法学派。哈里发政府的行政命令也日益增多，还建立了早期的司法制度。总之，在这一阶段伊斯兰法律制度已初步形成。

（二）全盛时期（公元8世纪中叶至10世纪中叶）

公元 8 世纪中叶，阿拔斯王朝（750～1258 年）继倭马亚王朝之后崛起，该王朝统治的最初 100 年是阿拉伯帝国最繁荣强盛的时期，帝国横跨欧、亚、非三大洲，伊斯兰法也得到了迅速发展。

这一时期，"圣训"的地位日益重要，教法学家们对其进行的汇集和整理也基本定型，形成了六大圣训汇编，主要有《布哈里圣训实录》《穆斯林圣训实录》等。早期教法学经过发展，最终形成了以哈乃斐、马立克、沙斐仪、罕百里为代表的四大教法学派。教法学家们主要通过"类比""公议"等方式创制新法，使之成为伊斯兰法的重要法律渊源。哈里发政府的行政命令也日益成为伊斯兰法的重要补充。司法机构也不断完善，伊斯兰法业已成形。

（三）盲从时期（10世纪中叶至16世纪）

阿拉伯语称这一时期为"塔格利德"（Taqlid）时期。"塔格利德"原意为"遵循""仿效"，即因袭传统。10世纪中叶以后，随着四大教法学派权威的最终确立，逊尼派认为伊斯兰法已经完美无缺，后世法学家只需遵循已有的伊斯兰法即可，无须再创制新法，"伊智提哈德之门"被关闭。此后，伊斯兰法进入"盲从时期"。这种状况一直持续到17、18世纪，直至近现代奥斯曼帝国内外交困不得不进行伊斯兰法改革之后，伊斯兰法才进入了一个全新的发展阶段。

## 第二节　伊斯兰法的基本渊源

### 一　《古兰经》

《古兰经》是伊斯兰教的最高经典，伊斯兰法的根本渊源，是穆罕默德在传教的过程中以安拉"启示"的名义陆续颁布的经文，第三任哈里发奥斯曼在位时正式完成定本。《古兰经》共30卷，114章，6236节。其内容按照颁布的时间分为"麦加篇"和"麦地那篇"两大部分。前者约占全文的2/3，是穆罕默德在麦加传教时所降示的经文，内容多与宗教信仰有关；后者是穆罕默德在麦地那建立政权后，针对许多实际产生的社会问题而降示的经文，涉及法律规范较多。《古兰经》的内容非常庞杂，是伊斯兰教信仰、穆斯林义务、法律规范、伦理、习惯等的综合体。

## 二 "圣训"

"圣训"，阿拉伯语为"哈底斯"（al-Hadith）或"逊奈"（Sunnah），前者意为"传述""记述"；后者原意为"平坦的大道"，泛指"行为""道路""传统习惯"，是法律地位仅次于《古兰经》的法律渊源。"圣训"实际上是先知的言行及其生活习惯。虽然"圣训"并非安拉的启示，但穆罕默德是安拉的使者，所以其仍具很强的权威性。根据伊斯兰教义，法律是真主安拉对伊斯兰世界的命令，它通过使者穆罕默德降示人间，任何世俗统治者皆无立法权。但是，穆罕默德去世后就再也没有降示了，而阿拉伯帝国还在急速扩张，新产生的法律问题层出不穷。而且，《古兰经》原有的许多内容也较为笼统，急需具体化以加强可操作性。在穆罕默德生前，他的非启示性言行就经常作为对《古兰经》的补充而广为流传，在他去世后，遇有《古兰经》中找不到现成答案的法律问题时，哈里发和教法学家们就按照他昔日的言行来创制新法以适应社会发展的需要。

后来传述"圣训"的活动日益频繁,公元 8 世纪中叶以后,教法学家们开始对"圣训"进行收集、整理和汇编。由于各教法学派间意见不一,各派皆有自己的圣训集。《布哈里圣训实录》《穆斯林圣训实录》等六大圣训集最终成为最具权威的圣训集。

## 三 教法学

教法学,阿拉伯语为"斐格海"(Fiqh),原意为"理解""参悟",是研究伊斯兰法的学问。教法学家通过对《古兰经》和"圣训"的研究,发现其中的法律原则和精神,解释其基本含义,从而推导出新的法律规则,因此教法学是由伊斯兰教法学家发展起来的另一种法律渊源。经常被教法学家用来创制法律的方法主要有"公议"(Ijma,伊制马尔)和"类比"(Kiyas,格亚斯)。前者是权威教法学家对新产生的法律问题达成的一致意见,而后者是指凡遇到《古兰经》和"圣训"中没有规定的新问题时,可以比照二者选择最相似的规则来加以处理的做法。教法学在伊斯兰法的发展中占有重要地位。公元 8 世纪以后伊斯兰法通过教法学不断创制新法来发展完善,适应了阿拉伯国家社会发展的需要,以至于后人将伊斯兰法与罗马法并称为"法学家法"。10 世纪后伊斯兰法进入盲从时期,"伊智提哈德之门"关闭后,教法学就日趋衰落了。

## 四　其他渊源

### （一）政府的行政命令

根据伊斯兰教义，哈里发及其政府并无立法权，但是哈里发在管理国家的过程中，在不违背《古兰经》、"圣训"的前提下颁布过大量的行政命令，以处理那些《古兰经》、"圣训"中无明文规定而实践中又急需解决的法律问题。而伊斯兰法的内容从整体上又较偏重私法规范，因此哈里发通过行政命令补充和发展伊斯兰法，主要集中在与政府管理事务相关的公法领域。① 如在《古兰经》中号召穆斯林缴纳的"天课"，实际上是希望富人向穷人提供的一种自愿施舍，但对天课的数额和种类并没有明确规定。随着国家的不断扩张和发展，第一任哈里发伯克尔根据需要把天课从原先自愿性的施舍，改为一种强制性的税收。又如在《古兰经》中，只有"经定刑犯罪"（由《古兰经》直接规定罪名和刑罚的犯罪），如盗窃、通奸、叛教等，为了补充经定刑犯罪的不足以适应不断出现的新情况，伊斯兰法又发展出了"酌定刑犯罪"，大大完善了伊斯兰刑法体系。

### （二）各地的习惯法

伊斯兰法在形成过程中，大量吸收了阿拉伯半岛原有的习惯法，再根据伊斯兰教义加以改造和利用。教法学家在运用

---

① 罗马法认为公法是与公共利益有关的法，而私法是与私人利益有关的法。

"公议"或"类比"创制新法时也时常参考当地的习惯法，把符合社会需要的习惯法附会为"圣训"。

（三）外来法律

伊斯兰教在其兴起的过程中，曾大量吸收了犹太教和基督教元素，如饮食禁忌、利息禁令等。阿拉伯帝国版图中的许多地区原先都处于罗马帝国的控制之下，曾长期适用罗马法，因此哈里发政府颁布行政命令和教法学家们创制法律时也往往有意无意地将罗马法的某些原则制度、概念吸收进伊斯兰法。

## 第三节　伊斯兰法学及四大教法学派

伊斯兰法学与伊斯兰法几乎是同时产生的。穆罕默德去世后，再也没有降示的经文，而阿拉伯帝国却在急剧扩张，各种新的法律问题亟待解决。各地精通伊斯兰教义的宗教学者开始就一些法律问题发表个人意见，他们的主张虽然并没有被官方认可，但受到了民众的欢迎。倭马亚王朝后期，宗教学者们更是对统治者偏离《古兰经》的做法产生诸多不满，"并着手从法学的角度对伊斯兰法进行研究和阐述。在这个基础之上，一个独立的法学家阶层从宗教学家中分离出来，这些法学家以当地为活动中心形成了早期的法学派"[1]。因此"伊斯兰教法学

---

① 高鸿钧：《伊斯兰法：传统与现代化》（修订版），清华大学出版社，2004，第 58 页。

并不是作为得到权威法庭和现行法律实践承认的科学分析，而是作为一种与法律和政治实践相对抗的法律制度开始的。首批的教法学家并不是法学家，而是宗教家"①。早期的教法学家带有明显的地域特点，注重《古兰经》的同时也强调习惯法。

早期的教法学派中较为活跃的当数"圣训派"与"意见派"。"圣训派"，也称麦地那学派，因其尤为重视"圣训"的作用而得名。"意见派"，也称库法学派，擅长运用类比及"个人意见"并因此得名。后来众多学派逐渐合并为四个逊尼派的主流学派，其中哈尼法创立的意见派后来演化为哈乃斐学派，马立克创立的圣训派后来演化为马立克学派。此外，还有以沙斐仪为代表的沙斐仪派和以罕百里为代表的罕百里派。

四大教法学派都将《古兰经》奉为经典，视之为最权威的法律渊源，各派的分歧主要在于如何看待其他法律渊源。

## 一 哈乃斐派

哈乃斐派是在库法学派的基础上发展起来的，以伊拉克库法为中心，由其代表人物哈尼法（699~767）创立。该派以运用类比等推理方法及发表"个人意见"著称，也称"意见

---

① 〔英〕诺·库尔森：《伊斯兰教法律史》，吴云贵译，中国社会科学出版社，1986，第26页。

派", 是四大教法学派中最具影响的派别。哈尼法选取"圣训"十分审慎, 这有别于其他学派, 任何"圣训"只有符合下列标准之一的才予以认可: 众人传述且从数人那里听到者; 各地法学家一致认可者; 一位直传弟子向数位直传弟子当面传述而无人提出异议者。① 而对待类比, 哈尼法却态度灵活, 在处理具体法律问题时运用大量类比来解决问题, 从而大大丰富了伊斯兰法的内容。

## 二 马立克派

马立克派是在麦地那学派的基础上发展起来的, 以麦地那为中心, 由马立克 (约 715~795) 创立, 该派以重视"圣训"著称, 因此也称为"圣训派"。不同于哈乃斐派的是, 马立克派十分重视"圣训", 但在选取"圣训"时标准较哈乃斐派宽松, 只要传述的内容与线索无误, 哪怕是一人传述的也可选用。对于类比, 马立克派则较少运用, 主张运用类比应遵循严格的条件。因穆罕默德曾在麦地那建立政教合一的政权并在当地实施了有效管理, 马立克认为麦地那人更能领会先知言行, 对伊斯兰法的精神理解也更为深入。因此"马立克在他的《圣训易读》中收集了麦地那人对 40 多个问题的一致处理意

---

① 高鸿钧:《伊斯兰法: 传统与现代化》(修订版), 清华大学出版社, 2004, 第 62 页。

见"①，认为这些比类比更可靠。事实上，这就是一种麦地那公议，而其内容多为当地习惯法。

## 三　沙斐仪派

沙斐仪派所处时代正是伊斯兰法学的繁荣期，沙斐仪（767~820）在借鉴前辈有益经验的基础上，形成了独具特色的理论体系，将古典法学推向高峰。学界通常认为"沙斐仪学派赋予现存概念以新的内涵、侧重点和平衡点，将它们融为一体。他的理论将早期法学派法律里的地方的、有限的成分改造为普遍有效的和适用于伊斯兰教的概念。他的法理学方案体现了神的启示与人的理智在法律里的妥协，从而竭力调和早期法学派中圣训派与意见派基本法学原理之间的冲突"②。在这个过程中，逊尼派③内部确立了伊斯兰法的四大法律渊源：《古兰经》、"圣训"以及教法学家创制法的主要方式类比和公议。

首先，在如何选取"圣训"问题上，沙斐仪认为哈乃斐派选择标准过于严苛，导致将许多可靠的"圣训"被弃置而只能大量运用类比，而马立克派的标准又太宽松，容易导致滥

---

① 〔埃及〕艾哈迈德·爱敏：《阿拉伯-伊斯兰文化史》（第3册），向科培等译，商务印书馆，1991，第207页。
② 〔英〕诺·库尔森：《伊斯兰教法律史》，吴云贵译，中国社会科学出版社，1986，第47页。
③ 逊尼派是指继穆罕默德之后接受四大哈里发所确立的行为规范和准则的穆斯林。

用甚至伪造"圣训"。沙斐仪主张可信之人传述的"圣训"值得信赖，在他的著作中就何谓可信之人做了详细说明，即必须有坚定信仰和良好的声誉；必须有良好的记忆力和对"圣训"内容的理解力；应原原本本地传述而不是以自己的话复述大意；不应假借权威人士的名义传述；传述的内容应与人们公认的具有良好记忆力的人所传述的内容相一致。①

其次，在如何选取公议问题上，沙斐仪接受"大多数学者达成的一致意见即公议"，但是他并不认可哈乃斐派和马立克派的观点。他认为公议主要是用来解释《古兰经》和"圣训"的，而不是为了创制新法。

最后，在如何对待类比问题上，沙斐仪认可类比的作用，但主张应审慎对待。只有遇有《古兰经》和"圣训"没有规定的问题，也没有公议可用时，才可运用类比规则，但是必须以《古兰经》和"圣训"为依据。关于类比与公议之间的关系，他认为公议的效力高于类比，通过公议可以确定类比正确与否。"学问的要旨是经、训、公议……其次是类比。"②

## 四 罕百里派

罕百里派创立时间较晚，以创始人罕百里（780~855）

---

① A. Rahman I. Dor, *Shari'ah: The Islamic Law*, London: Ta-Ha Pubishers Ltd., 1984, p. 56.

② 〔埃及〕艾哈迈德·爱敏：《阿拉伯-伊斯兰文化史》（第 3 册），向科培等译，商务印书馆，1991，第 221 页。

得名，此派强调"圣训"的重要作用，排斥类比与公议，坚决反对运用"个人意见"，是四大法学派中最保守的一派。尽管其影响力不及其余三派，但它是今天沙特阿拉伯王国法律的基础。[1]

## 五 什叶派法学

什叶派是伊斯兰教中的少数派，伊玛目思想是什叶派教义的核心。[2] 十二伊玛目派是什叶派中最重要的支派，它也是日后成立的伊朗伊斯兰共和国的国教。什叶派法学与前述逊尼派四大教法学派有所不同，该派教法学家一直宣称较之逊尼派，其法律体系更接近和更忠实地体现了《古兰经》和"圣训"的精神。[3] 什叶派版本的"圣训"不同于逊尼派，其认为既然伊玛目是以神圣立法者本人至高无上的权威发号施令的，那么伊玛目的权威足以替代公议。[4]

---

[1] 高鸿钧：《伊斯兰法：传统与现代化》（修订版），清华大学出版社，2004，第77页。

[2] 什叶派认为伊玛目是全体穆斯林的领袖和统帅，其地位和权力与世袭传系均由安拉确立，伊玛目具神性，永无谬误，只有他们才能明晓和解释《古兰经》的隐义和拥有创制教法的权力。

[3] 〔英〕诺·库尔森：《伊斯兰教法律史》，吴云贵译，中国社会科学出版社，1986，第83~86页。

[4] 〔英〕诺·库尔森：《伊斯兰教法律史》，吴云贵译，中国社会科学出版社，1986，第95页。

# 第四节　伊斯兰法的特点

## 一　与伊斯兰教密切相连

伊斯兰法是一种典型的宗教法，它与伊斯兰教紧密相关，法律规范与宗教伦理道德等规范相伴相生，《古兰经》既是宗教经典又是最高法律渊源，违反宗教义务即违反伊斯兰法。与其他宗教相比，伊斯兰教是两世兼重的宗教，穆罕默德既是宗教政治领袖，又是立法者与裁判者，政教合一从来就是伊斯兰国家的根本准则，宗教事务与世俗事务始终交织在一起。而伊斯兰法也是随着阿拉伯国家的发展而逐渐形成并不断完善的。伊斯兰法中的大部分内容都是对伊斯兰教义的制度化。哈里发政权的行政命令和各地习惯法及外来法律，也必须经过伊斯兰化才能成为伊斯兰法的渊源。此外，伊斯兰法学也是建立在宗教学基础上的学问，法学家应首先是各教派的教义学家，他们用来创制法律的依据必须是《古兰经》和"圣训"，结论也不能偏离《古兰经》和"圣训"的基本精神。

## 二　教法学家对伊斯兰法的发展贡献巨大

在伊斯兰法发展的过程中，法学家始终肩负着发展与创制法律的重任。法学家们在《古兰经》和"圣训"的基础上运用类比、公议等方式创制新法。"四大教法学派"形成以后，法学家们更多地参与司法实践，根据社会需要对《古兰经》和"圣训"的法律精神加以阐释和发展，对伊斯兰法的系统化作出了巨大贡献，从而最终确立伊斯兰法的基本法律渊源，使得伊斯兰法最终发展成为一个系统的宗教法律体系。鉴于法学家对伊斯兰法的发展具有举足轻重的作用，人们形象地将伊斯兰法称为"法学家法"，这一特点与罗马法相似。

### 三　具有分散性和多样性

在伊斯兰法的基本渊源中，只有《古兰经》有统一的版本，其他渊源都是因地、因学派而异。特别是各教法学派都以地域为限进行活动，例如库法学派与麦地那学派，及至"四大教法学派"形成后，都有自己的流行范围。各派都从自己的利益出发，按照本地习俗传述和编纂"圣训"，创制法律，因而在所主张的法律原则、制度之间也存在许多分歧，这使得伊斯兰法在形式和内容上具有明显的地域色彩，呈现分散性和多样性的特点。此外，阿拉伯帝国扩张非常迅速，很快就形成了幅员辽阔的大帝国，而被征服地区的习惯法千差万别，后来帝国境内又形成了若干割据政权，致使各地法律适用非常不统一。

### 四　外来法律对伊斯兰法的影响

穆罕默德在创立伊斯兰教的过程中就接受了基督教和犹太教中的许多元素。阿拉伯国家建立后，持续不断地对外扩张，许多被征服地区的文化程度较高，阿拉伯人在占领这些地区的同时，不可避免地受到这些文明的影响。接受其他文明并尽力使之伊斯兰化是当时的惯常做法。阿拉伯帝国后来逐渐稳定强大后，这些"外来法律"以习惯法的形式与阿拉伯民族的传统观念结合起来，形成了既包容又独具特色的伊斯兰法体系。

# 第二章　奥斯曼帝国时期的法律变革

　　现代化是近代以来波及全球的一种不可抗拒的时代潮流，它既是人类社会谋求进步的必由之路，也是世界各国文明演进的方向。[①] 早在阿拉伯帝国时期，伊斯兰法在帝国版图内就占据了统治地位。而在 10 世纪时伊斯兰法走入了因循守旧的死胡同，宣布"伊智提哈德之门"已关闭。自此之后伊斯兰法就主张教法学家不可再创制新的法律，这导致伊斯兰法的发展基本处于停滞状态。11 世纪后，西欧经历了一系列的剧烈变革，城市兴起，商业复苏，被称为"中世纪 3R 运动"的文艺复兴、宗教改革和罗马法复兴运动使得西欧走出了天主教会统治的阴影，重新绽放了活力，经济迅速发展，民主观念不断深入人心，军事与科技逐渐在当时跃居世界领先水平。然而，此时与欧洲毗邻的奥斯曼帝国对于西欧的巨变还茫然无知。直到

---

　　① 王铁铮主编《世界现代化历程·中东卷》，江苏人民出版社，2010，"作者的话"第 1 页。

15 世纪，土耳其人建立奥斯曼帝国后仍以伊斯兰教为国教，实行伊斯兰教法。16 世纪末，奥斯曼帝国国力每况愈下，日益衰落，被称为"近东病夫"。西方列强纷纷乘虚而入，占领了奥斯曼帝国大片领土。至 19 世纪末，帝国几乎已被蚕食殆尽。在这种内外交困的情况下，奥斯曼帝国开始了一场向西方学习救亡图存的现代化改革。这些改革中最富有成效的就是 19 世纪中叶被称为"坦志麦特"的改革。[①]

## 第一节　外来法律对早期伊斯兰法的影响

从早期伊斯兰法的渊源及内容来看，我们可以发现，任何一种文明的发展都不是孤立的，文明的长久发展需要互动交流，伊斯兰法律文明亦不例外。

首先，伊斯兰法在其形成过程中曾大量吸收阿拉伯半岛的习惯法，再根据教义进行改造利用。而教法学家在创制法律的活动中也不可避免地受到其所处地域各种综合因素的深刻影响，这亦是法之本来精神（孟德斯鸠）。他们经常将其需要的习惯法附会为"圣训"，在运用公议或类比时，也会参考当地习惯法。其次，伊斯兰教在其早期形成过程中还吸收了犹太教和基督教中的许多内容，如食物禁忌、禁止重利和某些宗教仪

---

① 刘雁冰：《试论欧陆法对中东伊斯兰民法现代化的影响——以土耳其和埃及伊斯兰民法现代化为代表》，《西北大学学报》（哲学社会科学版）2010 年第 4 期，第 155 页。

式。最后，阿拉伯帝国创建伊始，一些之前的文明就对它产生了许多影响，如希腊文明、罗马文明，甚至波斯文明、古印度文明等。其中，古希腊哲学家柏拉图的"理念论"曾被用来解释伊斯兰教义。早期的教法学家由于背景和地域的不同，形成了分别以伊拉克、叙利亚和汉志为中心的三个地方性的教法学派。通常来说，以伊拉克、叙利亚为中心的两个教法学派出现在文化水平较高地区，受到波斯及希腊文明的影响较大，大批当地居民改信伊斯兰教，使得当地的法律冲突问题十分突出，故教法学家在无《古兰经》和"圣训"可引用时，多用自己的意见解释法律，其中不可避免地带有当地法律文化的某些特点。阿拉伯帝国中的许多地区原先都处于罗马帝国统治之下，曾长期使用罗马法。因此，早先哈里发政府在颁布行政命令、教法学家在创制法律时，均有意无意将罗马法中的某些理念、原则、制度等吸收到伊斯兰法中。

就外来法律对早期伊斯兰法的影响，具体论述如下。

## 一　外来民族习惯法对早期伊斯兰法的影响

阿拉伯帝国的法律制度建立在多民族、地区习惯法与传统的基础之上。阿拉伯人承认并且吸收了这些民族文化的长处，又一定程度地改造了这些地方习惯法。对此他们通常采取两种方式：一是在一定程度上认可那些不与伊斯兰教教义直接抵触的习惯法；二是如果习惯法与《古兰经》和"圣训"相抵触，则对其加以改造。习惯法远在伊斯兰教在阿拉伯半岛兴起之前就已经广泛存在。"逊奈"就是先辈的先例与习惯。在伊斯兰教兴起之前,"逊奈"是阿拉伯部落社会的主要规则,在伊斯兰教兴起之后,其继续发挥着重要作用。

伊斯兰法除了认可阿拉伯半岛的一些习惯法之外,对于被征服地区的一些习惯法,如果不与经训内容相抵触,通常也予以认可。随着阿拉伯国家不断地进行对外扩张战争,许多游牧部落社会未曾遇到的一些新问题也逐渐产生,而伊斯兰法对此又无直接规定。为适应这一新的情况,伊斯兰法对一些地方习惯法予以认可是必要的。后来,不仅有许多"圣训"体现了习惯法,法学家们还通过公议确认改造了许多习惯法,同理类比也进一步推动了习惯法合法化进程。倭马亚王朝后期,因其世俗化的政策饱受抨击,统治者转而希望回归传统,重振伊斯兰法。由此各地的习惯法经过改造之后也都融入了伊斯兰法体系。必须指出的是各地习惯法各异,在伊斯兰法中又存在各种法学派别,因此习惯法尽管归入伊斯兰法,但由于教法学派的差异,人们对习惯法的吸收也并不相同。如圣训派吸收了麦地那的习惯法,而意见派则吸收了伊拉克的习惯法。[1] 总之,"通过习惯法和各地习俗这条途径,各民族的很多习惯法写进了教法"[2]。而这种吸收传统习惯法的过程实际上也就是移植外来法律的过程。

---

① 肖光辉:《法律移植与伊斯兰法》,《法律文化研究》2005 年第 1 期,第 377 页。

② 〔埃及〕艾哈迈德·爱敏:《阿拉伯-伊斯兰文化史》(第 3 册),向培科等译,商务印书馆,1991,第 235 页。

## 二　犹太教法和基督教法对早期伊斯兰法的影响

犹太教、基督教与伊斯兰教这三大宗教渊源颇深。在伊斯兰教兴起之前就有许多犹太人移居阿拉伯半岛。当时半岛上的部族尚处于氏族社会末期，还没有产生统一的法律制度。因此，阿拉伯人多采用犹太教的教法（即希伯来法），这对阿拉伯的部落习惯法产生了巨大影响。公元 7 世纪，穆罕默德在传教时就吸收了犹太教及基督教中的不少教义，如承认摩西、耶稣均为先知，强调独尊一神，等等。在具体的行为规范上，教徒应时时净身，特别是在进行宗教仪式时更应如此；不得食用不洁食物，具体何为不洁食物与犹太教法规定如出一辙。同时，犹太教和基督教也受到了伊斯兰教的影响，如犹太教法规定只准吃分蹄并反刍的动物（实际指牛羊肉），不准吃非正常死亡的动物及不准吃血液制品等，这正是伊斯兰法中的饮食要求。事实上，这一规定又是阿拉伯人对古代闪族人（闪米特族人）饮食习俗的承袭，并在此基础上又有所变化。

在不动产制度上，早期教会法规定，教会对其土地和财产有独立取得、存留和管辖之权力，而且这种权力是排他的，不受任何世俗政府的约束。而伊斯兰法也主张土地为真主所有，只有先知与其继承人才有权支配，其他人只享有占有权，不享有完整的所有权。又如在契约法领域，依据基督教教义，牟利和放贷被认为是一种罪恶行为，教会法明确规定禁止牟利，禁止附利息贷款，不得通过商业获取暴利。伊斯兰教经典《古兰经》也明确宣布"禁止放贷取利",认为收取利息是违背安拉意志的行为,而关于契约法的基本原则精神——信守契约,也为教会法和伊斯兰法所共同强调认可。

伊斯兰法中的婚姻家庭制度条文也有不少借鉴教会法之处。如二者均十分强调结婚的宗教仪式以及结婚双方应有共同的宗教信仰,特别是教会法认为婚姻若属于应禁止的和可撤销的则可宣布该婚姻无效,在伊斯兰法体系中亦承认存在婚姻无效情形。根据哈乃斐学派的规定,无效婚姻有七种认定情形,其中近亲结婚、与同一乳母收养子女通婚、与非穆斯林男子通婚等情形均与教会法中禁止近亲(1215 年前指七亲等以内的旁系血亲和姻亲)、神亲(因共同领受洗礼形成的关系)和与异教徒婚姻的规定十分类似,可看到其中有某种承属关系。

### 三 罗马法对早期伊斯兰法的影响

关于伊斯兰法是否吸收了罗马法中的制度以及具体借鉴情况如何,学界目前尚有争议,并无定论。美国历史学家希提认为:"罗马法无疑对倭马亚人的立法曾有影响,这种影响一部分是直接的,一部分是通过犹太教法典或者其他媒介而产生的。"① 阿拉伯帝国版图中的许多地区都曾在罗马帝国疆域内,随着公元 476 年西罗马帝国的覆灭,以君士坦丁堡为中心的拜

---

① 〔美〕希提:《阿拉伯通史》(上册),马坚译,商务印书馆,1979,第280 页。

占庭帝国见证了阿拉伯帝国的兴起、繁荣及衰落。双方还进行了长期的对峙与战争，互有胜负，阿拉伯帝国曾夺取拜占庭帝国从北非至西亚的叙利亚、巴勒斯坦的大片土地。这些地区的居民文化较为先进，曾长期适用罗马法。罗马法是早期法律中最发达的体系，对外来统治者不可能没有产生任何影响。而早期阿拉伯征服者对域外文化采取的也是一种较为包容的态度，对持不同信仰者更多采取怀柔而非镇压的方式。例如在倭马亚王朝时期，在被征服的伊拉克地区，大多数人是信仰基督教的，为了使他们皈依伊斯兰教，两教教徒展开论辩，据称有 3000 人被说服皈依了伊斯兰教。① 由此可见，阿拉伯人在与东罗马帝国征战、交往期间，将罗马法吸收进伊斯兰法也是情理之中的。

罗马法和伊斯兰法都可说是由法学家不断推动并向前发展的法律体系，不同学派法学家的研习讨论甚至论争将二者不断发展完善，故罗马法和伊斯兰法都曾被称为"法学家法"。在这两个法律体系中，法学家们都对各自的法学发展做出巨大贡献。我们可以看到二者间有着相当多的共通性。

如罗马法有普罗库路士派和萨比努士派与所谓罗马五大法学家，伊斯兰法先有按照地域划分的意见派和圣训派，后有以著名法学家及其学说为中心的哈乃斐、马立克、沙斐仪、罕百里四大教法学派，罗马法和伊斯兰法两大教法的法学家们均身体力行，通过解答法律疑难问题、处理个案而创造出新的判

---

① 　金宜久主编《当代伊斯兰教》，东方出版社，1995，第 298 页。

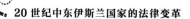

例。随着判例的不断积累，人们的法律意识不断增强，法律体系也不断完善，因此法学家的活动正是这两大教法发展的重要动力来源，法解释学使得僵硬的成文法活了起来，扩大了法律的适用空间，能够更好地适应社会发展的需要。罗马法学家和伊斯兰法学家在其所处的社会中均有较高地位，且具有很高的权威。研习法律在当时蔚为风尚，法律成为非常重要的社会治理方式。法学家可以解释甚至创制新的法律。《学说汇纂》中称市民法为"以不成文法形式由法学家创造的法"，"只存在于法学家的解释之中的不成文法"。[1] 在罗马帝国后期，社会飞速发展，许多法学家都有解释法律的权力。所作解答不仅对个案有拘束力，而且对以后同类案件的处理也有很大影响。实际上，罗马帝国后期正是通过这些法学家将罗马法不断推向高峰。而就伊斯兰法而言，随着先知的去世，"天启"就此中断，但根据有关经训，法学家们肩负起了创制法律、发展法律的任务。《古兰经》规定，"假如他们把消息报告使者和他们中主事的人，那末，他们中能推理的人，必定知道当如何应付"（4：83）。这段话被认为是《古兰经》将所遇案件交由学者去推理的指示，并且"在认识安拉律例方面，把学者和先知并列起来"[2]。由此可见，《古兰经》中的律法虽然是"天

---

① 〔意〕朱塞佩·格罗索：《罗马法史》，黄风译，中国政法大学出版社，1994，第 102 页。

② 〔阿拉伯〕安萨里著，〔沙特〕萨里赫·艾哈迈德·沙米编《圣学复苏精义》，张维真、马玉龙译，商务印书馆，2001，第 8 页。

启"的，但法学家们有权进行解释。至于另一重要法律渊源
"圣训"，其主要也是法学家活动的产物。而教法学中创制法
律的方式——类比和公议则更是法学家们根据教义创造性地提
出的解决法律问题的新方法。正是法学家们的不懈努力，伊斯
兰法才能从早期的简单规则，发展成为后来较系统、复杂的法
律体系。

　　总体上看，伊斯兰法受罗马法影响最大的领域还是私法部
门。英国的法学家库尔森在其著作中指出，伊斯兰法吸收了东
罗马帝国的非公民团体法律地位的一些规定。此外，"伊拉克
的库法地区早期奴隶无财产权的规定是受罗马法影响的结
果"①。德裔法学家莎赫指出，伊斯兰法中的租赁和雇佣合同
直接源于罗马法，这些"取源于罗马和拜占庭的法律概念和
准则，取自西方教会法和《塔木德》中的法律概念和准则渗
入了初生的伊斯兰法之中"②。倭马亚王朝时期还移植了拜占
庭市场检察官的制度。带有辅音词根"DLS"的法律术语
"Tradtis"（弄虚作假）其实就是阿拉伯文形式的拜占庭希腊
文"DOIOS"一词，意为"隐瞒商品缺陷"。

　　在伊斯兰法的具体部门法中，受罗马法影响比较明显的有
债权债务制度和婚姻家庭继承制度。伊斯兰债法是在罗马法的

---

① Noel J. Coulson, *A History of Islamic Law*, Edinburgh：Edinburgh University Press，1964，p. 50.

② Joseph Schacht, *An Introduction to Islamic Law*, Oxford：Oxford University Press，1964，p. 21.

基础上糅合阿拉伯原有的商业习惯法而形成的。当然，借鉴吸收罗马法的大前提是要贯彻伊斯兰法精神，不能违反伊斯兰教法原则。从债法大的框架来看，伊斯兰法借鉴罗马法内容，已将债分为两大类，即因契约产生之债和因侵权行为产生之债。

除了关于债务和契约的一般原则外，伊斯兰法还就各种不同的契约作出了许多规定，主要包括买卖、雇佣、租赁和商业合伙契约，特别是在商业合伙契约中又分为无限合伙、有限合伙、合作生产和借贷合作四种，其中无限合伙类似于罗马法中的共同共有合伙，而有限合伙则相当于按份共有合伙，借贷合作这种关系也是罗马私法中关于合伙的一个重要方面，即在契约中，可以一方出资他方不出资但利益由双方共同取得。

此外，伊斯兰法还直接吸收了罗马法债法中的一些基本概念和术语，其中有代理、抵押、担保、和解、监护等。例如库法学派的代表人物艾卜·哈尼法认为，一个人在 25 岁以后便不再受监护人的约束，可以管理自己的财产。这一观点中的25 岁正是罗马法中的成年年龄，根据罗马法规定，男子满 25 岁即视为成年，而成年意味着摆脱了以往的监护人与保佐人，可以自由处理自己的财产。

另外值得一提的是，伊斯兰婚姻、家庭、继承法中关于亲等的规定可能也受到了罗马法的影响。如哈乃斐学派将全部继承人分为两大类，七个亲等，这同罗马法中法定继承亲等的规定类似。在继承法中继承顺序的规则排除也有借鉴罗马法的痕迹。伊斯兰法中的继承顺序排除规则为：其一，卑亲优先于尊亲，尊亲优先于旁系；其二，同一亲等内部，优先选择与亡人关系亲密的，排除疏远的；其三，有嫡亲的，排除宗亲和表亲。

伊斯兰法中有一种非常特殊的所有制形式和社会经济制度，曾长期广泛流行于许多伊斯兰国家，构成伊斯兰教法中的一个重要内容，那就是瓦克夫制度。"瓦克夫"一词，阿拉伯语原意为"保留""扣押""留置"，专指保留真主对人世间一切财富的所有权，或留置部分财产专门用于符合主命的宗教慈善目的。中国将这些专门留置的土地和产业（即瓦克夫）称为"义地"和"义产"。瓦克夫的兴起有其复杂因素，有学者认为这种通过赠与方式来用于并只用于宗教慈善事业的做法明显受到了拜占庭慈善事业的影响。

## 第二节 奥斯曼帝国的"坦志麦特"改革

### 一 宪法

奥斯曼帝国末期内忧外患不断，为摆脱危机，1839 年，新素丹颁布了著名的《花厅御诏》，拉开了"坦志麦特"改革的序幕。《花厅御诏》由序言、正文、结语三部分构成，主要内容包括主张法律面前人人平等，不分宗教信仰对所有臣民的生命、财产等权利一律保护，改革税收、兵役等制度。

1876 年，素丹哈米德二世颁布了土耳其历史上第一部宪法，这部宪法以 1831 年比利时宪法为蓝本，规定了两院制的议会，议会由参议院和众议院组成，参议员由素丹任命，众议员由选举产生，并重申了全体臣民在法律面前平等这一基本准则。事实上，这是一次由素丹操控的宪政改革，议会权力有限。即便如此，素丹后来还是强行解散了国会，撕毁了这部宪法。

## 二 《奥斯曼商法典》

"坦志麦特"改革中的民商法改革主要以继受法国法为特征，主要原因很可能是奥斯曼帝国通过巴尔干与埃及直接接触继而了解到法国法，总之奥斯曼帝国法律的现代化首先表现为引入和模仿法国法。例如 1850 年《奥斯曼商法典》就是以《法国商法典》为蓝本的，甚至有些内容就是直接照搬套用的。《奥斯曼商法典》基本框架如下。第一编，商事之一般规定。第一题，商人；第二题，商业账簿；第三题，公司；第四题，商事代理；第五题，陆运和水运代理；第六题，汇票。第二编，支付不能和破产。第一题，支付不能；第二题，破产；第三题，重整。这一结构与 1807 年的《法国商法典》相比，仅少了海商（原第二编）和商事法院（原第四编）这两编。[1]比较一下，我们就可以发现奥斯曼帝国在借鉴法国法时的确根据自己的实际国情进行了取舍。

---

① 《法国商法典》，金邦贵译，中国法制出版社，2000，"译者的话"，第 1 页。

值得一提的是，《奥斯曼商法典》确认了商业利息的合法性，这就大大突破了传统伊斯兰教法关于利息的禁令，此举意义重大。与此同时，在1861年和1863年奥斯曼帝国还参照法国法分别颁行了另外两部重要商事实体及程序法，即《商事程序法典》和《海商法典》。为与新制定的实体及程序法相适应，奥斯曼帝国随后还设立了新的世俗法院组织，与当时仍存在的沙里亚法院并立，也就是说引入法国法使得奥斯曼帝国当时同时存在世俗法与伊斯兰法两重法律体系。

## 三　《奥斯曼民法典》——《马雅拉》

有关民事法律的改革遭到了奥斯曼帝国国内保守势力的强烈抵制，这主要是因为民法与人们的宗教信仰、生活方式等息息相关，因此被誉为大陆法系民法基石之一的《法国民法典》未能被引入。最后，民法改革还是选择了折中方案。所谓折中是指坚决反对以西方世俗法取代传统伊斯兰法，主张法律改革就是要形成具有伊斯兰特征的现代民事法律体系，具体方案就是采用大陆法系国家法典的形式，将传统的民事法律规则编纂成法典。[①] 这是运用西方立法技术对伊斯兰法进行法典化的初次尝试，但是家庭与继承法被排除在外。其产物被称作《马雅拉》，也译作《奥斯曼民法典》。

---

① 高鸿钧：《伊斯兰法：传统与现代化》（修订版），清华大学出版社，2004，第211页。

它包括一个序言和 16 编内容。序言介绍了各编中使用伊斯兰法的原则。第一编，买卖；第二编，租赁；第三编，担保；第四编，债务转移；第五编，抵押；第六编，信托和受托管理；第七编，赠与；第八编，非法占用和毁损；第九编，先占；第十编，共有；第十一编，代理；第十二编，清偿和债务解除；第十三编，供认；第十四编，起诉；第十五编，证据；第十六编，誓言执行和司法行政。综上来看，这部法典的内容主要涉及债务、契约、民事侵权行为及民事诉讼内容。这种立法体系显然与大陆法系真正意义上的民法典相去甚远。这部"民法典"内容完全来自哈乃斐学派法律，最大的特点在于尝试用大陆法系法典的形式来对当时的伊斯兰法规则予以编纂，可以说这是奥斯曼帝国对伊斯兰法律现代化的一种发展和探索。更值得一提的是这种方法对后来其他伊斯兰国家法律改革产生了深远的影响，在奥斯曼帝国解体后，这部法典仍在一定时空内保有法律效力。如黎巴嫩将其沿用至 1932 年，叙利亚沿用至 1949 年，伊拉克沿用至 1953 年。[①]

## 四　家庭法

奥斯曼帝国对传统家庭法领域的改革是具有划时代意义的，其于 1917 年颁布了《奥斯曼家庭权利法》，兼采马立克

---

① 刘雁冰：《试论欧陆法对中东伊斯兰民法现代化的影响——以土耳其和埃及伊斯兰民法现代化为代表》，《西北大学学报》（哲学社会科学版）2010 年第 4 期，第 156 页。

派和罕百里派学说，提高了女性地位，限制了童婚，规定男女双方必须达到具备完全民事行为能力的年龄才可以结婚，如未达到适婚年龄结婚则须征得法院或监护人的同意。[①] 该法还赋予妇女特殊情况下可以离婚的权利，这在当时可谓是对伊斯兰法的极大突破。该法规定，如果丈夫患有某种严重疾病或遗弃妻子，妻子可以通过法律途径解除婚姻。[②]

## 五　刑法典

奥斯曼帝国在 1840 年就颁布了第一部刑法典，随后又于 1858 年颁布了新的刑法典，这部法典是以 1810 年《法国刑法典》为蓝本制定的，它是《法国刑法典》的翻译——沙里亚法的传统"哈德"刑罚或固定刑罚，除关于对叛教者处以死刑的规定外，完全被废除了。[③] 这部法典采用了现代的犯罪与刑罚制度，废除了伊斯兰法中除叛教之外的全部经定刑罪名。

---

① 王云霞：《东方法律改革比较研究》，中国人民大学出版社，2002，第204 页。

② 王云霞：《东方法律改革比较研究》，中国人民大学出版社，2002，第204 页。

③ 〔英〕诺·库尔森：《伊斯兰教法律史》，吴云贵译，中国社会科学出版社，1986，第125 页。

# 第三章　现代中东伊斯兰国家的法律变革

第一次世界大战结束后，奥斯曼帝国解体，后来获得独立的若干伊斯兰国家继续引入和移植西方国家特别是欧陆国家的法律制度，其中独立后的土耳其与埃及就是两个典型代表。

## 第一节　土耳其

### 一　宪法

早在 1876 年，素丹哈米德二世就颁布了土耳其历史上第一部宪法。这部宪法以 1831 年比利时宪法为蓝本，规定议会实行两院制，并重申了全体臣民在法律面前一律平等这一基本准则。

奥斯曼帝国解体后，1923 年成立了土耳其共和国。在凯末尔（Kemal）的带领下，新生的土耳其开始进行一些脱亚入欧的变革。凯末尔一直坚持土耳其是欧洲国家这一定位，共和国成立后开始加快学习西方的步伐，逐步改造土耳其。1924年，土耳其大国民议会宣布废除哈里发制度，其后伊斯兰教法法院也被废除，长期以来世俗法院与教法法院并立的局面彻底结束。1928年，土耳其在宪法中取消了"伊斯兰教是土耳其的国教"的规定，并最终得以实现政教分离。这是土耳其新宪法中最具划时代意义的内容。从此，土耳其的法律现代化运动揭开了新的篇章。①

土耳其于1924年4月通过共和国第一部宪法。这部宪法深深地打上了凯末尔主义的烙印，后来人们将之概括为凯末尔主义六原则，即共和主义、民族主义、平民主义、国家主义、世俗主义和改革主义。

1924年宪法确立了土耳其共和国的性质，奉伊斯兰教为国教。大国民议会议员由选举产生，任期四年，可连选连任。每两万人可选一名议员，年满18周岁的男性公民才有选举权，而年满30周岁的男性公民才有被选举权。为保持议会的独立性，宪法规定议员不得兼任政府职务，也不得兼任军队职务。大国民议会作为国家最高权力机关，拥有立法权、行政权和司法权，实行一院制。总统由议会选举产生，而议会通过的法律须经总统批准才能生效，总统统率军队、任命总

---

① 刘雁冰：《伊斯兰民法之基石：土耳其与埃及民法典》，《西北大学学报》（哲学社会科学版）2014年第4期，第133页。

理、成立政府，政府要对议会负责。在土耳其 1924 年宪法中，大国民议会权力很大，且缺少必要的制衡。① 此外，这部宪法还规定了公民法律地位平等、拥有各项权利及自由、司法独立、废除传统的伊斯兰沙里亚法院、建立现代法院体制等内容。

这部宪法在其后的 36 年间共修改了 7 次。其中 1928 年修改宪法时删除了"伊斯兰教为土耳其共和国国教"这一内容，伊斯兰教法、教法法庭以及法庭上宗教宣誓仪式也随之被废止，土耳其得以实现政教分离。此外，实现教育与宗教的分离也是世俗主义的重要内容。1924 年，土耳其颁布《统一教育法》，停办宗教学校，将之归于国家管理；改革文字，以拉丁字母代替阿拉伯字母。

1934 年的宪法修正案，把有选举权的公民年龄由 18 周岁提至 22 周岁，并正式赋予妇女选举与被选举权，而 1937 年的宪法修正案更是将凯末尔主义六原则写入宪法。纵观 1924 年以来的土耳其宪法变迁历程，凯末尔主义贯穿始终。凯末尔一直竭力遏制伊斯兰教对土耳其的影响，他效仿西方，致力于将土耳其打造成一个世俗化的国家，而制定新宪法正是他构建民族国家的重要一步。

---

① 李艳枝：《试论土耳其的宪法更新与民主化进程》，《国际研究参考》2013 年第 8 期，第 10 页。

## 二　商法

早在 1850 年，奥斯曼帝国就仿效《法国商法典》颁布了自己的商法典。1861 年和 1863 年，奥斯曼帝国还参照法国法颁布了《商事程序法典》与《海商法典》。随后其又建立了新的世俗法院来适用这些移植自欧陆国家的现代法律。这一法院体系与古老的沙里亚法院并存于奥斯曼帝国境内。[①]

土耳其共和国成立后于 1926 年颁布了商法典，同民法典类似，这部法典也移植了瑞士法，但其并不仅仅是瑞士法的翻版，而是以德国、意大利、匈牙利、法国等国家的法典和瑞士债务法为模型制定的折中型商法典。《诉讼法》同样以瑞士的诉讼法为蓝本制定，并于 1927 年生效。《破产和执行法》是依照《瑞士联合破产执行法》制定并在 1929 年生效的。

土耳其 1929 年颁布的《海商法典》是以德国法为蓝本制定的，而《税务法》的重要部分也是以大陆法，特别是德国法为基础制定的，所有这些法律都是共和国诞生后移植大陆法系商法的成果。

## 三　民法

### （一）《土耳其民法典》的制定

对于奥斯曼帝国时期"坦志麦特"改革中的法律成果，

---

[①]　高鸿钧：《伊斯兰法：传统与现代化》（修订版），清华大学出版社，2004，第209页。

土耳其新政府进行了重新审视。1926 年，土耳其引入当时大陆法系最新的民法，即 1907 年的《瑞士民法典》，并以此为蓝本制定出自己的民法典——《土耳其民法典》。为什么会全面移植《瑞士民法典》，原因比较复杂。瑞士作为大陆法系国家中的一员，其民法典同时受到大陆法系两大基石《法国民法典》与《德国民法典》的影响，而后者影响尤其巨大。从1804 年起，《法国民法典》在瑞士局部地区适用，虽然后来被《瑞士民法典》取代，但是法国法仍在瑞士法律体系中起着十分重要的作用。①《瑞士民法典》在体系上完全追随《德国民法典》的学说汇纂体系，具有简洁、明确和结构分明的特点，由此为土耳其立法者所青睐。也有人认为全面照搬《瑞士民法典》只是出于偶然罢了，主要证据就是 1926 年《土耳其民法典》主要移植了《瑞士民法典》中的总则和典型合同这两部分，《瑞士民法典》后面的三个与商法有关的部分则另被编入单独的《商法典》。《瑞士民法典》采用的是民商合一体制，而土耳其采用的则是大陆法系国家常用的民商分立体制。即便如此，二者重复率仍超过 80%。

1926 年《土耳其民法典》有以下特点。首先，从大的框架来看，大陆法系国家通常采取民商分立的体系，而当时瑞士却采纳了民商合一体系。土耳其最终选择了民商分立体系，因

---

① 〔德〕K. 茨威格特、H. 克茨：《比较法总论》，潘汉典等译，法律出版社，2003，第 169 页。

此在民法典的编纂上只借鉴了《瑞士民法典》的民法部分。其次，就具体内容来看，二者重合部分超过80%，有区别的部分主要集中在传统伊斯兰法占主导地位的人身、信仰、家庭和继承上。如在人身权方面，土耳其降低了瑞士民法的成年年龄及婚龄以适应伊斯兰习惯法所展现出来的强大影响力，并采取了一些变通的措施。同样为与伊斯兰法保持一致，《土耳其民法典》对于女性权利的规定亦有所保留。该法还存在其他局限性，例如离婚后有过错方仅需对无过错方扶养一年、只赋予配偶有限继承权等内容。虽然不得不向传统伊斯兰法妥协，但是这部法典仍以一夫一妻制、男女均可提出离婚取代了传统的一夫可娶四妻和丈夫单方面休妻制，这在与人身密切联系的传统民事领域可谓重要变更，也是对传统宗教势力的重大打击。[1]

《土耳其民法典》与《瑞士民法典》的不同之处主要体现在以下几点。

第一，关于自然人行为能力的年龄限制。（1）《土耳其民法典》规定法定成年年龄为18周岁，且年满15周岁就可被视为具有完全行为能力，而《瑞士民法典》规定的法定成年年龄则为20周岁，年满18周岁就可被视为具有完全行为能力。（2）《土耳其民法典》规定的法定婚龄为男子18周岁，女子17周岁，而《瑞士民法典》规定的法定婚龄则分别为20周岁

---

[1] 刘雁冰：《伊斯兰民法之基石：土耳其与埃及民法典》，《西北大学学报》（哲学社会科学版）2014年第4期，第133页。

和 18 周岁。

第二,家庭法领域。(1)《土耳其民法典》规定夫妻离婚后无辜方只能要求一年的扶养费;《瑞士民法典》则无时间限制。(2)《土耳其民法典》原则上承认夫妻分别财产制;《瑞士民法典》则采用了西方法均认可的夫妻共有财产制;(3)《土耳其民法典》对配偶的继承权有诸多限制;《瑞士民法典》对此限制较少。

可见,新的《土耳其民法典》移植《瑞士民法典》时所做的大的修改与保留均在与人身密切相关的领域,而这恰恰是距离伊斯兰核心教义最近的区域,也是传统伊斯兰法势力最强、最不易修改的法律领域。

（二）《土耳其民法典》的实施

从民法典颁布实施后的一段时间来看,适用新法确实产生了一些问题,这些问题都集中在婚姻家庭继承方面。

1. 关于婚龄

当时土耳其社会通行的男女结婚年龄较小,而新法规定的婚龄较大,由此社会上产生了修改婚龄的呼声。因此,土耳其在 1938 年修改了民法典的第 88 条,男子法定婚龄从 18 周岁降到 17 周岁,女子法定婚龄从 17 周岁降到 15 周岁,特殊情况下,法院甚至允许男女结婚年龄分别降到 15 周岁和 14 周岁。[①]

---

① 丘日庆主编《各国法律概况》,上海社会科学院法学研究所编译,知识出版社,1981,第 253 页。

2. 关于结婚

新法采取的是世俗婚姻制度，但受城乡差距及受教育程度等因素影响，农村地区对于那些缔结世俗婚姻的法律程序很陌生。所以，依新法缔结的婚姻并不多，大部分人仍然按照传统的伊斯兰法结婚，即在伊斯兰教长面前宣布缔结婚姻契约。这种婚姻在 1926 年新法颁布后被认为是没有法律效力的，而此种事实婚姻下所生子女也被视为非婚生子女，由此产生大量的社会问题。为解决这一法律冲突，土耳其在 1933 年颁布了第一个大赦法，把 1933～1965 年的 2739179 起事实婚姻登记为合法婚姻，把 1006452 个私生子转化为婚生子。①

3. 关于离婚

新法禁止一夫多妻，而根据伊斯兰法规定，一名男子最多可娶四名妻子，这一新旧法律冲突更加凸显。不过，在新法颁布前，一夫多妻在土耳其本就占少数，特别在城市更是如此。此外，新法还规定男女均可提出离婚，且男女双方须通过法院判决才能离婚，但离婚的条件及程序都比较复杂，这一点在后来的修订中有所改善。

4. 关于继承

（1）遗嘱继承还不普遍。土耳其社会的许多阶层感到，父母遗产不能被子女一起继承这一规定很不合理。共同继承只

---

①　转引自徐国栋《一个正在脱亚入欧的国家的奋斗——土耳其民法典编纂史》，《比较法研究》2006 年第 2 期，第 56 页。

能在遗嘱继承的情形下实现，但是在土耳其，立遗嘱的习惯还不普遍。[①]（2）根据新法，男女继承人平等继承遗产；而根据旧法，只有男性继承人享有继承权。这导致在实践中屡屡发生争端。从新法实施情况来看，新法颁布后所作的修改主要集中在家庭法领域，且向旧法也即伊斯兰法妥协的情况明显。这也可以认为是立法者向广大民众的一种妥协。[②]

# 第二节　埃及

埃及在历史上曾多次被包括罗马帝国、阿拉伯帝国在内的国家征服，也先后受到多种外来法特别是罗马法、伊斯兰法律制度的影响。在奥斯曼帝国统治期间，埃及是帝国的一个行省。然而从 1874 年起，埃及在奥斯曼帝国就一直享有特别的自治权，司法制度亦完全独立，民法上也不适用奥斯曼帝国的《马雅拉》。18 世纪末 19 世纪初，奥斯曼帝国解体、法国入侵埃及后，法国法随即被引入埃及。1883 年，英国占领埃及，但是并未改变埃及法律受法国法影响的倾向。

## 一　宪法

1922 年，埃及正式宣布独立，成为主权国家，随后于 1923

---

① 上海社会科学院法学研究所编译室编译《各国宪政制度和民商法要览·亚洲分册》，法律出版社，1987，第 246 页。

② 刘雁冰：《伊斯兰民法之基石：土耳其与埃及民法典》，《西北大学学报》（哲学社会科学版）2014 年第 4 期，第 133～134 页。

年 4 月 19 日颁布了第一部宪法，这部宪法在形式上效仿了 1831
年的比利时宪法，但是有关权力配置的条文则更接近 1876 年的
奥斯曼宪法模式。[①] 宪法确立君主立宪政体，但不同于英国的虚
君制君主立宪，在这部宪法中国王享有很大的权力。虽然在形
式上政府是代议制的，议会享有立法权，分为上、下两院，内
阁也是对议会负责，但是宪法同时又赋予国王许多重要权力。
国王有权解散内阁、议会，有权选择、任命首相，有权根据内
阁推荐委任议会主席及 1/5 议员。议会通过的所有法案均须得
到国王同意，国王还可把议案退回议会重新审议。从这部宪法
中可以看到，以国王为首的执行机构权力很大，能左右政府其
他部门。尽管如此，福阿德国王依然认为 1923 年宪法过度限制
了他的权力，并于 1930 年废除了 1923 年宪法，1930 年宪法大
大削弱了议会的权力。五年后，国王被迫作出让步，又恢复了
1923 年宪法。这部宪法是当时埃及各方政治势力合力作用的结
果，虽然王权过大，但是不管怎样，埃及开始走上宪政道路，
有其进步意义。这部宪法一直适用至 1952 年埃及革命。

## 二　商法

1883 年埃及颁布了商法典，这部法典以《法国商法典》
为蓝本，采取了法国法民商分立体制，用以区分民事行为和商
事行为，因此有关合同、抵押和质押的内容是由民法典来调整

---

① 雷钰、苏瑞林：《中东国家通史·埃及卷》，商务印书馆，2003，第 254 页。

的。这部法典最初只是在国民法庭中适用，后来经过多次修改保留了先前的大部分内容。法典直接移植借鉴了《法国商法典》中有关商人及各种商事交易的内容。1883 年商法典共分为三编。第一编是一般规定，规定了商事交易的性质。第二编包括商事合同、公司、合伙、经纪人、代理和票据等内容。第三编为破产，也包括了公司和合伙的内容。

## 三　婚姻家庭法

埃及的婚姻家庭法领域一直由伊斯兰教法调整。1948 年民法典中并没有家庭和继承这两个方面的内容，但是民法典第 280 条规定，成文法中如果没有调整家庭关系的条款，则由哈乃斐派学说来调整。

1936 年由沙里亚法院法官组成的一个委员会起草了一部涉及继承、遗嘱和瓦克夫的家庭法典。1943 年和 1946 年，埃及分别颁布了《继承法》和《遗嘱处分法》。1956 年，沙里亚法院和国民法院合并，婚姻案件改由世俗法院审理，埃及法官在审理婚姻家庭案件的时候，如果有相关立法则适用成文法，没有相关立法则对穆斯林适用沙里亚法。对非穆斯林的宗教教徒，则适用相关的宗教法来处理。相比民法和商法领域的改革，婚姻家庭法的改革更靠近伊斯兰教核心教义，因此要面临更大的挑战。伴随着法律现代化浪潮的洗礼，埃及颁布了一系列家庭法，旨在提高埃及妇女的地位，综合采纳了哈乃斐派和马立克派的学说中有利于保护女性利益的部分。

1. 关于婚龄

规定男子为 18 周岁，女子为 16 周岁。

2. 关于离婚

规定妻子有权向丈夫索要生活费用，如果缺乏生活费用或丈夫的健康有问题，则可解除婚姻关系。如果丈夫没有合法的原因，离开妻子一年以上，而且妻子因丈夫出走受到了伤害，妻子有权请求法院判决离婚。这些规定相对于伊斯兰法中妻子几乎没有离婚的权利来说已是一大进步了。

3. 关于继承

（1）取消了祖父辈旁系血亲在遗产继承上的特权。传统伊斯兰法认可将财产留在家族内部的做法，因此被继承人的兄弟姐妹在继承遗产时常常受到来自祖父辈的障碍。1943 年《继承法》规定："被继承人的兄弟姐妹同祖父一样享有继承权。"这就有效地清除了祖父辈对继承的阻碍。

（2）取消了怀孕妇女腹中胎儿的继承权。胎儿出生必须是活体才有继承权，哪怕胎儿是因母体受到暴力伤害而死亡的亦不具有继承资格。1943 年《继承法》还将拥有继承权的婴儿出生时间限定为父亲死后的 270 天以内，最长时限为 365 天，也就是说，妻子在其丈夫亡故后 270 天至 365 天内分娩的孩子才被认为是亡夫的合法继承人，享有完全的继承权。[①] 以

---

① 李启欣：《传统伊斯兰继承法及其现代改革》，《南亚研究》1989 年第 4 期，第 44 页。

前的教法学家通常将婴儿出生时间限定在父亲死亡后的 6 个月内，但也有例外情况：哈乃斐派限定为 2 年，沙斐仪派和罕百里派是 4 年，而马立克派竟可长达 7 年，这显然是不合乎医学常识的，因此新继承法对此予以了修正。

（3）确认义务遗嘱（强制遗嘱）的概念。因为传统伊斯兰法中没有代位继承①的概念，1946 年《遗嘱处分法》规定如果祖父生前未给孙子女留下其应继承的亡父的那部分遗产，则法院可依法实施"义务遗嘱"，将遗产中不超过 1/3 的部分给孙子女继承。法律还规定立遗嘱人还可将遗产留给非法定继承人，这也是对传统伊斯兰继承法的一大突破。

## 四　刑法

西方列强在埃及拥有领事裁判权。为改变这一被动局面，埃及开始效仿西方国家进行法律改革，颁布了以法国法为模板的一系列法律。埃及首先在 1875 年建立了调整涉外法律关系的混合法院；又于 1883 年颁布了《刑法典》和《刑事调查法典》，适用于调整埃及本国人法律关系的国民法院，1904 年这两部法典被新的法律所取代。1937 年埃及废除了与列强的不平等条约之后，颁布了新的刑法典，这部刑法典主要移植了《意大利刑法典》，体系与内容均以《意大利刑法典》为蓝本，

---

① 代位继承是法定继承的一种特殊情况，指被继承人的子女先于被继承人死亡时，由被继承人子女的晚辈直系血亲代替先死亡的长辈直系血亲继承被继承人遗产的一项法定继承制度。

虽经多次修正，至今仍在施行，是埃及的现行刑法。与之相配套的现行刑事诉讼法典则颁布于 1950 年。

（一）刑法渊源

埃及的刑法包括刑法典与特别刑法，刑法典是刑事立法的主体内容，但是在一些民事、行政法律中亦有刑事责任的内容。

（二）基本原则

1. 罪刑法定

1979 年埃及宪法第 66 条规定，罪行及其惩罚必须符合法律的规定，基于此，刑法典第 5 条第 1 款规定"应当依据犯罪实施时正在施行的法律对行为人追究刑事责任"，在强调罪刑法定原则的基础上，规定法不溯及既往，以有利于被告人为一般原则。

2. 罪刑相适应

刑罚的轻重应当与犯罪人所犯罪行相适应。

3. 刑罚平等

刑法面前人人平等，没有身份地位的差别，不允许任何人有超越法律的特权。

4. 无罪推定

被告在法庭审判证实他有罪以前是无罪的。

（三）体系

《埃及刑法典》分为四编。

第一编"总则"，包括以下 11 章：一般原则；犯罪类型；

刑罚；共犯；未遂；犯罪共谋；累犯；缓刑；正当化事由和刑罚阻却事由；未成年犯罪人；特赦和大赦。

第二编为"危害公共利益的重罪和轻罪"，包括危害国家安全和公共利益的重罪和轻罪等内容。

第三编为"危害个人的重罪和轻罪"，包括杀人罪、伤害罪和殴打罪等 16 章。

第四编为"违警罪"。

（四）特点

这部刑法典虽然以《意大利刑法典》为蓝本，其法律原则、体系内容等都受到了大陆法系的强烈影响，但是与制定民法典的立法思路相似的是，该法典仍保留了伊斯兰法的部分传统，尽可能地走折中路线，努力调和传统与现代、伊斯兰法与西方外来法的关系。保留伊斯兰法的内容主要如下。

1. 第二编第十一章，与宗教有关的轻罪

（1）扰乱信徒礼拜仪式或者有关宗教典礼的举行，或者以暴力或者威胁方法阻碍其举行的。

（2）劫掠、破坏、毁灭、侵犯用于举行宗教典礼的建筑物或者被宗教社团或者大多数人所虔诚崇敬的标志或者其他物品的。

（3）侵犯坟墓或者墓地的神圣或者圣洁的。如果出于恐怖主义目的实施上述犯罪，加重处罚。

（4）以改变其意思、歪曲书籍内容的方式，印制或者出版被公开举行仪式的宗教之信徒视为圣书的书籍的。

（5）出于嘲弄目的在公共场所或者公共社区模拟举行宗教典礼让在场人员观看的。①

2. 第三编第三章、第四章，有关堕胎、通奸等方面的规定

第260~263条规定，堕胎以及帮助他人堕胎的均属犯罪行为，要承担刑事责任。已婚通奸无论男女均属犯罪行为，但是针对妇女，"其丈夫可以通过谅解的方式，要求停止执行判决"，且"对通奸的妇女不提起追诉，除非其丈夫提出诉讼"。②

3. 第三编第十二章，赌博与销售彩票罪

赌博及为赌博提供场所均属犯罪行为。未获政府许可销售彩票的亦同。③

埃及刑法总体上已西方化了，但受伊斯兰教法的长期影响，通奸、堕胎、赌博等仍被视为犯罪。不过，这些犯罪的刑罚整体较轻，通常只处以拘役、罚金而已，且对附条件的通奸妇女可不予追究刑事责任。

## 五　民法

1875年，埃及颁布了适用于混合法院的《混合民法典》。

### （一）1875年《混合民法典》与1883年《国民民法典》

1740年，奥斯曼帝国在俄土战争中战败，西方列强将领事裁判权强加给帝国，其后列强在埃及设立了15个领事法院，

① 《埃及刑法典》，陈志军译，中国人民公安大学出版社，2011，第74页。
② 《埃及刑法典》，陈志军译，中国人民公安大学出版社，2011，第109页。
③ 《埃及刑法典》，陈志军译，中国人民公安大学出版社，2011，第135页。

由于这种多重法律并行的制度体系在司法实践中运作过于繁复，拥有领事裁判权的各国和埃及共同组成了混合法院来审理相关案件。混合法院需要与之配套的实体法和程序法。于是在其后两年中，埃及陆续完成了民法典、商法典、民事诉讼法典、商事诉讼法典、刑法典和刑事诉讼法典的草案制定。埃及借鉴大陆法系的民商分立体系，民法和商法分别以法典的形式立法。在这些法典中，1875 年颁布的《混合民法典》适用广泛，这部民法典调整的是国籍不同的外国人之间的法律关系，被称为"新万民法"。随后，埃及于 1883 年又颁布了一部新的民法典，适用于所有埃及人。①

1875 年《混合民法典》有 774 条，包括一个序编和四个正编。第一编，财产。第一章，财产的各种类型；第二章，所有权；第三章，用益权；第四章，役权；第五章，取得所有权和物权的方式。第二编，债。第三编，各种合同。第四编，债权人的权利。这部民法典纯粹是一部财产关系法，无任何关于人格关系和身份关系的规定。

1883 年埃及《国民民法典》用来调整埃及国民之间的民事关系。这部民法典直接移植了《法国民法典》2/3 的内容，未采纳的 1/3 主要是关于个人身份的内容。在框架结构上，该法典与 1875 年民法典也很类似。

---

① 刘雁冰：《伊斯兰民法之基石：土耳其与埃及民法典》，《西北大学学报》（哲学社会科学版）2014 年第 4 期，第 134 页。

这一时期，埃及的法院组织和法律适用十分复杂。在混合法院存续期间，埃及共有四个法院体系，包括混合法院、国民法院、领事法院以及宗教法院。[①] 前两者适用1875年《混合民法典》和1883年《国民民法典》；领事法院主要审理相同国籍的外国人之间的民事案件，适用当事人的国籍国法律；而宗教法院主要是指管辖穆斯林私人身份的沙里亚法院，适用伊斯兰教法。

1875年《混合民法典》和1883年《国民民法典》都深深地打上了《法国民法典》的烙印，它们的颁布与适用对1948年《埃及民法典》的生成贡献巨大。[②]《埃及民法典》是埃及民法现代化最重要的里程碑。[③]

（二）1948年《埃及民法典》

1875年民法典和1883年民法典经过了多次修改，但仍存有不少与时代相脱节的内容，不能适应经济和社会发展的需要，废除混合法院与国民法院并存的双重司法体系的呼声也不断高涨。经过持续多年的努力，1948年新民法典终于颁布施行。1948年《埃及民法典》以1875年《混合民法典》和1883年《国民民法典》为蓝本编纂而成。法典中的内容大都

---

① 何勤华、洪永红主编《非洲法律发达史》，法律出版社，2006，第469页。

② 刘雁冰：《伊斯兰民法之基石：土耳其与埃及民法典》，《西北大学学报》（哲学社会科学版）2014年第4期，第134页。

③ 高鸿均：《伊斯兰法：传统与现代化》（修订版），清华大学出版社，2004，第214页。

取自法院的判例以及埃及现行法律。与此同时，该民法典还参考了 20 多个国家的现代民法典，特别是对法国、意大利和日本等国民法典的内容进行了比较借鉴。值得注意的是，埃及在吸收西方法律的时候，总是尽可能吸收那些与伊斯兰教法不冲突的部分。此外，《埃及民法典》还直接从沙里亚法中吸收了一部分法律原则和规定，对前两部民法典中已有的伊斯兰教法规定，则予以保留或仅做一些改动以适应时代的发展。

1. 结构

1948 年《埃及民法典》的结构较之以往发生了很大的变化。

序编是一般规定。该部分包括法律及其适用；自然人和法人；物与财产的分类。

第一编是债或对人权。把债法置于物权法之前，可以看出德国民法学说汇纂体系对埃及法典体例的影响。这一编的内容包括债的一般规定及各种有名合同。

第二编是物权。其包括主物权和从物权（或称担保物权）。主物权包括所有权、所有权的取得及所有权的其他派生权利。从物权是关于抵押、质押和优先权的规定。

该法典中只有债法和物权法的规定，没有婚姻家庭继承等亲属法方面的规定。这些法典未涉及的内容通常直接依照伊斯兰法规则处理。

2. 内容

（1）人法

自然人的权利能力始于出生，终于死亡，胎儿亦享有权利。未满 7 周岁的幼童为无民事行为能力人，年满 21 周岁为成年人，具有完全民事行为能力。7~21 周岁的未成年人是限制民事行为能力人。

法人主要包括民、商事公司，瓦克夫①，宗教及社会团体等。

（2）债权法

债权法包括债的发生根据、债的效力、债的样态、债权的移转和债的消灭。

债的发生根据主要包括合同、不法行为和无因得利。其中合同的要件包括同意、客体、原因和无效四部分；不法行为（即侵权行为）是指自己行为、他人行为及物件所生之责任。无因得利包括非债清偿和无因管理。

在债的效力中，留置权可作为一种债权得以实现的担保手段。

有名合同主要表现为买卖、赠与、合伙、租赁、使用、承揽、雇佣、委任、寄托、射幸、保证合同等多种合同形式。其中对射幸合同②的规定突破了传统伊斯兰教法原则。伊斯兰法

---

① 瓦克夫是指用于宗教、慈善事业等的资金或产业。
② 射幸合同是指以不确定事项为合同标的的一种合同。

要求合同的标的必须是确定的，而该法典却规定了赌博和打赌①、终身年金②、保险合同这几类合同标的不具确定性的合同。

（3）物权法

物权法主要包括自物权和他物权。自物权，也就是所有权，该部分包括所有权的一般规定、所有权的取得及基于所有权而派生的其他权利（即他物权），包括用益物权、永佃权及地役权等内容。法典将他物权中的担保物权另设一分编，称之为从物权，包括抵押、质押和优先权。

3. 特点

1948 年《埃及民法典》具有以下特点。

第一，从大的结构体例上看，这部法典虽然仍是以《法国民法典》为蓝本的，但也有许多创新之处。法典一共包括一个序编和两个正编。序编的第一章是有关法律在时空上的冲突，将国际私法规则融入其中；第二章是包括自然人和法人在内的民事主体；第三章是物与财产的分类。接下来第一编是债务，包括债的一般规定与有名合同；第二编是物权（包括主物权和从物权）。综上，从这一编排处理，我们可以看出这部法典从体例上已超越了当时的《法国民法典》，法典起草人显然吸收了当时的一些新民法潮流，借鉴了《德国民法典》、

---

① 法典 739 条规定："关于赌博或打赌的任何约定均属无效。"
② 终身年金是指一方当事人有偿或无偿地在其他当事人生存期间向其提供定期年金的义务。

《意大利民法典》和《日本民法典》等其他国家民法典的有益经验。例如，区分债法与物权法并将债法前置，显然是受到了《德国民法典》的影响。[①] 而在第一编第二分编中，《埃及民法典》对有名合同进行了详细的列举、划分。在第二编物权中，少有地将物权分为主物权与从物权（即担保物权），这与大陆法系主要将物权划分为自物权（即所有权）与他物权的传统有很大不同，也与《法国民法典》不明确区别物权与债权，及《德国民法典》将从物权分为担保物权和用益物权的体例不同，应可理解为这是埃及在本土法律资源的基础上吸收大陆法系体例的创新之举。

第二，在具体制度和内容上，这部法典不同于先前对大陆法系法典的照搬套用，而是根据自己国家法律文化和本土资源来进行整合。例如，法典明确宣布伊斯兰教法是法律渊源[②]，又规定"无成文法和习惯法可依时，法院可适用'伊斯兰教法的原则'"，这就表明，这部法典在前两部法典的基础上又新增加了许多传统伊斯兰教法的内容。在尊重本土法律文化的同时，法典并没有因循守旧，而是有许多突破和创新之举。例如，法典确认了诸如有息贷款、射幸合同、保险合同等与传统

---

① 蒋军洲：《伊斯兰埃及民法典西化的成功与失败》，《河北法学》2008 年第 1 期，第 169 页。

② 法典第 1 条，无可适用的法律规定时，法官应依习惯裁判；无习惯时，依沙里亚原则裁判；无此等原则时，依自然法原则及公平规则裁判。第 32 条，就失踪人和不在人事宜，适用特别法的规定，没有此等特别法的，适用沙里亚法的规定。

伊斯兰法相悖的制度。又如法典创造性地运用了无因得利这一制度。所谓无因得利是指任何有识别能力的人，无正当原因使自己得利并造成他人损害的情况。为此，他要在得利的范围内，就后者因财产的减少招致的损害后果承担责任（第179条）。这一规定也创造性地结合了大陆法系民法中不当得利与无因管理的规定。

4. 影响

1948年《埃及民法典》在西亚北非伊斯兰世界中产生了巨大影响，成为主要中东伊斯兰国家民法典的蓝本。其影响范围包括叙利亚（1949年）、伊拉克（1951年）、利比亚（1954年）、卡塔尔（1971年）、索马里（1973年）、阿尔及尔（1975年）、约旦（1976年）、苏丹（1971年、1984年）、科威特（1980年）、阿联酋（1985年）等国家。①

# 第三节　伊朗

## 一　立宪革命

第一次世界大战前伊朗就尝试制定宪法，1905～1911年伊朗爆发了立宪革命。伊朗王室被迫于1906年照搬法国-比利时

---

① 徐国栋：《1948年〈埃及民法典〉：浴水中的婴儿》，《法律科学》（西北政法学院学报）2008年第1期，第25页。

模式颁布了宪法[1]，这部宪法确立了受议会监督制约的君主立宪体制，立法、行政、司法三权分立，议会分两院，政府要对议会负责，在宗教法院外另设世俗法院，民众有人身、财产等基本权利。此外，这部宪法还规定伊斯兰教什叶派为国教，宗教领袖可设委员会审查立法是否符合伊斯兰教。[2] 由于种种原因，这部宪法并未发挥太多实际作用，仅有政治上的意义，立宪革命还是以失败告终。

## 二 礼萨·汗的改革

第一次世界大战后，礼萨·汗建立巴列维王朝，对伊朗进行了世俗化改革。这一时期伊朗的变革主要效仿土耳其的凯末尔模式，其中包括淡化宗教影响、提高民族文化认同、建立中央集权体制、大力发展现代经济、实行去宗教化等一系列社会改革。

伊朗萨法维王朝时期，伊斯兰什叶派势力强大，什叶派教法占据统治地位。欧洲列强进入伊朗后将领事裁判权强加给伊朗，这种特权甚至存在了 100 多年。[3] 为改变这种法律上的被动局面，19 世纪至 20 世纪上半叶，伊朗大量引入了西方法，

---

[1] 上海社科院法学研究所编译室编译《各国宪政制度和民商法要览·亚洲分册》，法律出版社，1987，第 263 页。

[2] 王新中、冀开远：《中东国家通史·伊朗卷》，商务印书馆，2002，第 258 页。

[3] 高鸿钧：《伊斯兰法：传统与现代化》（修订版），清华大学出版社，2004，第218 页。

这些法律主要来自大陆法系国家。伊朗还于 1925 年颁布了商法，1926 年颁布了刑法，1928～1935 年主要移植了以法国为代表的大陆法系国家的民法，在此基础上制定了自己的民法典。伊斯兰法仅在与人身密切联系的婚姻家庭等领域保有效力。1935～1940 年，民法又增加了婚姻家庭法等内容。至此，伊斯兰教法对伊朗的影响被大大减少。同时，伊朗还改革了司法体系，建立并扩大了世俗法院的管辖权以限制宗教法院。礼萨·汗的全方位改革对伊朗影响至深，与土耳其凯末尔改革模式不同的是，伊朗伊斯兰教什叶派势力根基深厚，礼萨·汗不得不对宗教势力做出一定妥协。他保留了旧宪法，也没能像土耳其那样实行彻底的政教分离。

## 三 商法

伊朗借鉴西方法，于 1932 年和 1964 年分别颁布了《商法典》与《海商法典》。总体而言，伊朗商法主要借鉴的还是法国法。

### （一）商事组织

公司分成下列几类：（1）合伙（成员对公司一切债务负连带无限责任，至少有一名合伙人的姓名要体现在公司的商号中）；（2）股份有限公司（成员对公司债务按其在公司拥有的股份份额各自负责，公司的商号名必须包含一名成员的姓名）；（3）上市股票公司；（4）有限公司；（5）无股份混合公司（"单一"有限合伙）或有股份混合公司（股份有限合伙）。

（二）破产

《商法典》第十章和第十二章对无力偿付债务和破产作出规定，但仅涉及商人。伊朗没有司法清算程序，但对清偿方案作了规定。具有轻微不正当行为的单纯破产是一种不法行为，欺诈性破产则构成刑事犯罪。破产的基本规则模仿《法国商法典》，但伊朗也在1939年的一项特别法规中设立了专门政府机构，负责在无力偿付债务的案件中充当清理人。这样，伊朗的司法程序就更接近英美国家的司法程序了。[①]

## 四　刑法

伊朗在1912年与1926年以《法国刑法典》为蓝本分别颁布了两部刑法典，现代西方刑法的概念制度完全取代了古老的伊斯兰刑法原则。在这次改革中，伊朗废除了经定刑（主要是指饮酒、盗窃、通奸和诬告通奸这四类直接由《古兰经》规定的犯罪与刑罚）。1926年刑法一直适用至1979年伊斯兰革命。1911年颁布的《刑事诉讼法典》经1932年修订后办适用至1979年。

## 五　民法

1929~1935年陆续颁布的《伊朗民法典》共三大卷1335

---

① 上海社会科学院法学研究所编译室编译《各国宪政制度和民商法要览·亚洲分册》，法律出版社，1987，第275页。

条，分别是财产法、人法和证据法。1939 年，伊朗还颁布了《民事诉讼法典》。作为对民法典的补充，伊朗于 1959 年又颁布了《劳工法典》，次年颁布了《业主和租户法》，1967 年还颁布了《民事责任法》和《家庭保护法》。

（一）民法典的结构

从篇章体例上来看，这部民法典明显借鉴了《法国民法典》的三卷结构，追本溯源都是受罗马法《法学阶梯》影响的产物。① 在内容上，《伊朗民法典》同时受到什叶派伊斯兰法和西方法，特别是法国法的影响。

第一卷：财产法

第一编，所有权的一般规定，财产的界定、自物权（所有权）和他物权（用益物权、地役权）；第二编，所有权的取得（荒地利用、添附、埋藏物等）；第三编，关于合同、交易和债务（总则、合同之债、非合同之债、特殊合同、优先购买权、遗嘱和继承）。

第二卷：人法

第一编，一般规定；第二编，国籍；第三编，身份文件；第四编，住所；第五编，长期失踪的人；第六编，亲属；第七编，结婚和离婚；第八编，子女（亲子关系、子女的抚养和教育和监护权）；第九编，家庭；第十编，监护和保佐。

---

① 通常认为《国法大全》中的《法学阶梯》是《法国民法典》的蓝本，《学说汇纂》是《德国民法典》的蓝本。

第三卷：证据法

第一编，自认；第二编，书证；第三编，证人证言；第四编，间接证据；第五编，宣誓。

（二）民法典的内容特点

1. 在财产法部分，《伊朗民法典》借鉴法国法较多，法典保护私有财产，所有人有权按照自身认为适当的方式使用和处分其所有物。但是，所有权并不是一种无限的权利，所有人不得以有损他人的方式处分其所有物，但在习惯允许的范围内和必要的情况下，则不在此限。[①] 第三编把债分作合同之债与非合同之债，又把合同分为可撤销的（如保管、委托等）和不可撤销的（如买卖、租赁等）两种，后者不得随意终止，而前者一方作出即可终止，法律另有规定或双方另有约定的除外。值得注意的是在第三编特殊类型合同中，有赌博打赌合同的相关规定。在伊斯兰法中，不允许约定射幸合同，这部法典规定赌博和打赌是无效的，但是射击、骑动物等竞技比赛例外。对此可以参照《法国民法典》第 1965 条和第 1966 条的规定："法律对赌博的债务或打赌的偿付，不赋予任何诉权"，"竞赛、赛马等约定赌注的不在此限"。从中可以看到伊朗民法直接继受法国法的印记。

2. 在人法部分，其因为与人身密切相关，同时也是伊斯

---

[①]　上海社会科学院法学研究所编译室编译《各国宪政制度和民商法要览·亚洲分册》，法律出版社，1987，第 273 页。

兰教核心教义所在，所以受伊斯兰什叶派教法影响大。而这部分内容也只适用于伊朗什叶派穆斯林。如民法典规定在夫妻双方关系中，家长地位由丈夫专享。再如继承法规定，血缘关系的继承（也就是法定继承）顺序分三级：（1）父亲、母亲和直系亲属；（2）其他所有直系尊亲属、兄弟、姐妹以及他们的卑亲属；（3）父母亲的兄弟姊妹及其配偶以及他们的卑亲属。夫妻始终是互相继承。妇女继承死者财产的份额，原则上为男子的一半（直接源自伊斯兰教法规则）。后一顺序继承人只有在无前一顺序继承人的情况下才能继承。财产的三分之一可按遗嘱处分，受益人无须是死者的亲属。①

此外，《伊朗民法典》还规定 18 周岁为成年年龄，享有完全民事行为能力，如果有管理自己财产的能力，年满 15 周岁亦可有完全民事行为能力。对于未成年人、精神病人等无民事行为能力人，民法典设监护制度对其进行保护，分为法定监护、遗嘱监护和司法监护。

3. 至于伊朗非什叶派穆斯林的法律适用，在 1933 年的《关于非什叶派伊朗人的个人身份法》中有明确规定："官方承认的宗教（包括伊斯兰教非什叶派、犹太教、基督教、祆教）确立的规则和习惯法，只要不违反公共秩序，就将被法院适用于非什叶派伊朗人有关个人身份、继承、遗嘱权方面的

---

① 上海社会科学院法学研究所编译室编译《各国宪政制度和民商法要览·亚洲分册》，法律出版社，1987，第 272 页。

案件。"这类案件包括：（1）结婚与离婚按丈夫所信仰的宗教确立的规则和习惯法处理；（2）无遗嘱或遗嘱继承根据被继承人所信仰的宗教确立的规则和习惯法处理；（3）收养按养父或养母所信仰的宗教确立的规则和习惯处理。[1] 如涉及更为复杂的法律冲突，则可援引国际私法规则。

（三）家庭保护法

后来颁布的婚姻法和家庭保护法对民法典的人法部分做了重要补充。

1. 关于结婚，结婚、离婚等行为必须登记。结婚双方年龄不得低于《伊朗民法典》规定的最低年龄，男方为 15 周岁，女方为 13 周岁，违反者可处监禁，及另处罚金。

在结婚合同中，婚姻双方当事人在结婚时可以约定任何不违反婚姻目的的条款。妻子可以事先约定，如果其丈夫失踪、长期未对妻子履行生活费用给付义务、殴打妻子或者在婚姻关系存续期间以无法忍受的方式虐待妻子，妻子有权请求法院作出不可撤销的离婚判决。

2. 关于重婚，男子在结婚前必须告知对方自己是否已婚。提供虚假情况的，应当处以 6 个月以上 2 年以下监禁。

如果丈夫在婚姻存续期间希望同另一女子结婚，就必须获得法院的许可。法院对当前妻子的状况、丈夫的财力及其人品

---

① 上海社会科学院法学研究所编译室编译《各国宪政制度和民商法要览·亚洲分册》，法律出版社，1987，第 272 页。

综合考虑之后，如果认为具备相应的条件，应当授予上述许可。如果某一当事人在未经法院许可的情况下，与一人结婚后又与其他人结婚，应当根据《婚姻法》第五条之规定，追究刑事责任（即等同于欺诈，应当处以 6 个月以上 2 年以下监禁）。

3. 关于离婚，在丈夫拒绝提供生活费用的情况下，妻子有权诉诸法院。法院应当确定生活费用的金额，并责令丈夫支付。如果法院的裁定得不到执行，妻子有权向法院提起诉讼，请求离婚。生活费用包括居住、吃饭、穿衣和其他必要的家庭开销。妻子在分居期间，亦不丧失生活费用的请求权。

如果丈夫和妻子都同意离婚，那么他们必须将该决定告知法院，法院据此签发不可调解证明书。在下列情形下，妻子或丈夫也有权向法院提出获得不可调解证明书的请求：（1）婚姻相对方当事人被判处 5 年以上监禁或者被判处在不能偿债的情形下相当于监禁期限的罚金，或者被判处罚金和监禁总计相当于上述监禁期限，而且判决已经被执行的；（2）在法院看来，婚姻相对方当事人的危险癖好影响到了家庭生活的正常进行，并使夫妻之间的圆满生活变得不可能；（3）未经妻子的同意，丈夫和别的女子结婚；（4）婚姻相对方抛弃了家庭生活，至于是否构成对家庭生活的抛弃由法院作出判决；（5）婚姻相对方根据生效的法院判决，被认定实施了损害名誉的违法行为。至于某一违法行为是否构成对家庭声誉或者配偶人格尊严的损害，应当由法院在考虑当时的情况、当地的习惯和其他相关因素之后确定。

4. 关于监护，母亲有优先抚养孩子的权利，如果是儿子，则从出生直至其年满 2 周岁由母亲负责监护，两年后再转由父亲行使监护权；而母亲对女儿的监护权则可以行使到女儿年满 7 周岁。在监护期间，如母亲另嫁他人、患有精神病或者拒绝看管子女，父亲应当负责看管子女。但如果是父亲再婚则不影响监护权，换言之，母亲可以在某种情形下放弃抚养权，但是父亲却不能拒绝。所以，监护对母亲而言是一种权利，但是对父亲而言更多是一种义务。

值得注意的是，在伊朗现实生活中，同时存在着两种婚姻形态，一种就是民法典规定的永久婚姻，结婚双方按照法律程序领证，举办婚姻仪式，受法律保护；另一种婚姻也是法律允许的，就是合同婚姻。近年来，受伊朗经济状况不佳、夫妻离异增多和青年结婚困难等因素影响，伊朗合同婚姻数量出现了增加的趋势。合同婚姻规定：女方必须是单身，实践中多为寡妇或是离异女子，若是未婚女子，则必须得到家长的同意；而男方可以为已婚，男方在进行合同婚姻的时候必须经过原配的同意。男女双方同意后，要签订合同婚约，明确期限、约会次数、男方支付给女方的金钱等，然后拿着身份证和照片到婚姻登记处签字盖章，再到清真寺举行简单仪式后，才可以成为合法的合同婚姻者。这种合同婚姻，长的可以持续几十年，只要双方同意，随时可以延长期限。

综上，这部民法典总体上受到大陆法系国家（法国、瑞士、比利时）民法的深刻影响。

## 第四节　土耳其与埃及法律变革的比较

### 一　《土耳其民法典》与《埃及民法典》的比较

埃及和土耳其的民法典虽然都以移植继受西方国家法律特别是法国法为主，但是二者的差异还是十分明显的。

（一）制定法典的背景不同。1926 年《土耳其民法典》起草时正值土耳其共和国刚成立。建国之初，凯末尔强势推行全盘欧化。在这种思想的指引下，土耳其在政治方面废除了奥斯曼帝国的素丹－哈里发制度，颁布新宪法，删去奉伊斯兰教为国教的内容，并在宪法中明文规定不得利用、滥用宗教以及被宗教视为神圣的事物来达到政治目的。新宪法的颁布标志着政教分离制度在土耳其的确定。在社会层面，凯末尔发动文字改革，放弃了阿拉伯语，鼓励民众学习西方的生活方式，甚至推动土耳其民族主义的发展以淡化伊斯兰教对土耳其的影响。1948 年《埃及民法典》制定时，埃及名义上虽是独立国家，但是列强在埃及仍保留许多包括领事裁判权在内的特权，因此埃及才设立混合法院、制定了《混合民法典》。然而早前混合法院的法律实践在客观上却为埃及移植了近代的司法制度与司法理念，而且法典的主要起草人桑胡里本人就曾在混合法院工作过，制定民法典时埃及就已经有大量的混合法院的司法资源可供参考。[1]

---

[1]　何勤华主编《20 世纪外国司法制度的变革》，法律出版社，2003，第 325 页。

（二）制定法典的指导思想不同。奥斯曼帝国解体后，土耳其作为帝国的承继者，在凯末尔的带领下，开始对自身进行全方位的改造。凯末尔将土耳其定位为一个欧洲国家，他认为土耳其要生存就必须成为西方所代表的现代文明世界中的一员，从此土耳其开启了漫长的脱亚入欧、全盘西化之旅。在法律层面，凯末尔认为之前奥斯曼帝国的法律现代化改革是不彻底的，应全面引入西方法律，废除沙里亚法以及沙里亚法院。而埃及的情况与土耳其有所不同，埃及对自己的国家定位是一个中东地区大国。1948 年《埃及民法典》虽然也是西方法的产物，但是它却体现了向传统伊斯兰法回归的趋向，强调伊斯兰法的精神和原则。[①] 法典主要起草人桑胡里认为移植西方法律应同埃及本土资源结合起来。法典试图在西方法和伊斯兰法之间达到某种平衡。它明确了伊斯兰法是法律渊源，但成文法没有明确规定适用伊斯兰教法原则。这部法典对与人身密切相关的亲属法则根本没有涉及。

（三）制定法典的目标不同。《土耳其民法典》制定的首要目标就是全面移植西方法以取代奥斯曼帝国的《马雅拉》。后者被认为是西化不彻底的产物。埃及发起法律现代化运动的主要动因是要废除埃及被西方列强享有的领事裁判权，以维护国家的司法主权，于是才有了 1875 年《混合民法典》和 1883

---

① 高鸿均：《伊斯兰法：传统与现代化》（修订版），清华大学出版社，2004，第 215 页。

年《国民民法典》这两部民法典。直至 1948 年民法典颁布，这才彻底终结了西方的领事裁判权。

（四）法典借鉴对象不同。《土耳其民法典》以《瑞士民法典》为蓝本，而《瑞士民法典》本身就同时受大陆法系两大基石的法、德民法典的影响，特别是后者对其影响更大，因此，土耳其民法在属性上更接近大陆法系。《埃及民法典》除了受到法、德民法典影响外，还参考了意大利、波兰、罗马尼亚、日本等 20 多个国家的法律，因此其德法色彩相对薄弱，也有更多的创造性改革。

（五）法典的框架体系不同。《土耳其民法典》虽以《瑞士民法典》为蓝本，但选择了民商分立体系，单独制定了商法典，在民法典中仅采纳了《瑞士民法典》的总则和典型合同部分。这部法典没有将人身关系单独立法或直接适用伊斯兰教法，这在中东伊斯兰世界的法律改革中尚属首次。1948 年《埃及民法典》与 1926 年《土耳其民法典》相比，移植借鉴法国法较多，也追随法国采民商分立体系，有单独的商法典，此外，法典还将债权置于物权之前，反映了当时的民法思潮。与土耳其最大的不同在于《埃及民法典》缺乏调整人身关系的法律内容。

（六）内容不同。取自《瑞士民法典》的 1926 年《土耳其民法典》与前者大部分相同，几乎全盘照搬瑞士民法，最值得关注的是婚姻家庭这部分规则也基本都是根据西方法制定的，仅根据土耳其具体情况作了少部分保留。法典在家庭法中确立了一夫一妻制，夫妻双方均可提出离婚，这是对传统伊斯兰法中一夫可娶四妻和丈夫休妻制的重大改革。《埃及民法典》将伊斯兰法作为法律渊源。法典第一条就开宗明义规定："无可适用的法律规定时，法官应依习惯法裁判；无习惯法时，依伊斯兰教法原则裁判。"在具体内容上，法典在充分利用本土法律资源的基础上进行了一些创新尝试。

（七）法典影响不同。1926 年《土耳其民法典》的颁布和实施对整个中东伊斯兰世界影响巨大，法典全面移植西方法，开启了中东许多国家借鉴移植西方法的法律现代化进程，但是直接继受这部法典的国家很少。1948 年《埃及民法典》在中东伊斯兰世界中也有着巨大的影响，它成为主要中东伊斯兰国家民法典的蓝本。虽然有法学家认为它成为不少国家民法典蓝本并不能说明它编排模式的先进，但它之所以被广泛借鉴，很大程度上是因为它谨慎考虑了埃及当时的政治、社会和法律气候，是将伊斯兰文明与西方文明融合的成功尝试。[①]

## 二　两国法律变革之路径差异

从埃及和土耳其走过的民法现代化路径来考察，二者虽然都是以移植继受西方法特别是法国法为主，但是二者的差异还是十分明显的。

---

① Nabil Saleh, "Civil Codes of Arab Countries: The Sanhuri Codes," *Arab Law Quarterly*, Vol. 8, No. 2, 1993, pp. 161-167.

继受《瑞士民法典》的 1926 年《土耳其民法典》与前者大部分相同，几乎全盘照搬与移植了《瑞士民法典》，最值得关注的是婚姻家庭这部分规则也多采用西方法律，仅根据土耳其具体情况作了少部分保留。《土耳其民法典》虽以《瑞士民法典》为蓝本，却选择了民商分立体系，单独制定了商法典，在民法典中仅移植了《瑞士民法典》的总则和典型合同部分。这部法典没有将人身关系单独立法或直接适用沙里亚法，这在伊斯兰世界法律改革中尚属首次。法典在家庭法中确立了一夫一妻制，夫妻双方均可提出离婚，这是对传统伊斯兰法中一夫可娶四妻和丈夫休妻制的重大改革。

与 1926 年《土耳其民法典》相比，1948 年《埃及民法典》移植借鉴法国法较多，也追随法国采民商分立体系，有单独的商法典，最大的不同在于缺乏调整人身关系的法律内容以及将伊斯兰法作为法律渊源。此外该法典还将债权置于物权之前，反映了当时的民法思潮。在具体内容上，该法典在充分利用本土法律资源的基础上也进行了一些创新与尝试。

## 三 原因分析

土耳其、埃及两国民法现代化路径具有明显的差异，造成这种差异的原因是多样的。

### 1. 国家定位

奥斯曼帝国解体后，土耳其虽为帝国的承继者，但在凯末尔的带领下，开始对自身进行了全方位的改造。凯末尔将土耳其定位为一个欧洲国家，他认为土耳其要生存就必须成为西方所代表的现代文明世界中的一员，从此开启了土耳其漫长的"脱亚入欧"、全盘西化之旅。在法律层面，凯末尔认为之前奥斯曼帝国的法律现代化改革是不彻底的，应全面引入西方法，废除沙里亚法以及沙里亚法院。

而埃及的情况与土耳其有所不同，埃及对自己的定位是一个中东地区大国。埃及发起法律现代化的主要动因是废除西方列强在埃及享有的领事裁判权，以维护国家的司法主权，于是才相继于 1875 年和 1883 年颁布两部民法典，以及 1948 年的民法典。

2. 地理位置

两国之所以在伊斯兰世界的现代化进程中走在了前列，与两国的地理位置密切相关。二者均距离伊斯兰教核心区较远，与欧洲文明较近，伊斯兰传统势力相对较弱，接受西方法也更容易。其中土耳其较埃及走得更远，土耳其横跨欧亚两大洲，很早就与欧洲文明有密切交往，且土耳其人并不属于中东的主体民族阿拉伯民族，伊斯兰文化包袱较轻，接受外来文化也更容易，当然凯末尔本人也在其中发挥了重要作用。凯末尔将土耳其定位为欧洲国家，自上而下合力推动国家走上世俗化与西方化的道路，实行政教分离，使伊斯兰教归入私人信仰范畴，为后来的许多现代化改革运动排除了阻碍。凯末尔之后，历任领导人也都以脱亚入欧为目标，持之以恒地向凯末尔未竟之目标努力。凯末尔无疑是强势的，土耳其的一系列变革就是他强

势主导的，他依靠着掌握的国家权力来实现这一既定目标。值得一提的是土耳其的国家军队从凯末尔时代开始就一直站在世俗派这一边，成为土耳其现代化改革最强有力的后盾。

　　埃及情况与土耳其有所不同，埃及与欧洲地区隔地中海相望，也很早就同欧洲有文明交往，但是埃及是中东阿拉伯大家庭的一员，它对自己的定位是地区内有影响、有话语权的大国。正因如此，埃及在进行法律现代化改革时，既想移植吸收西方法，又不想完全放弃传统伊斯兰法，带有明显的调和色彩。①

---

　　①　刘雁冰：《伊斯兰民法之基石：土耳其与埃及民法典》，《西北大学学报》（哲学社会科学版）2014年第4期，第134~136页。

# 第四章　当代中东伊斯兰国家的法律变革

第二次世界大战结束后，中东伊斯兰国家的经济有了长足发展，随之而来的法律关系的复杂化使得这些国家在移植西方法方面也加快了步伐。当代全球化浪潮更是深刻影响了包括中东伊斯兰国家在内的几乎所有国家的法律制度，许多中东伊斯兰国家成为世界贸易组织的成员，并加入一系列国际公约，全球法律的趋同性愈加明显。在这一时期的法律变革中，伊朗、土耳其、埃及与沙特阿拉伯四国的相关情况既有共性亦有不同。

## 第一节　伊朗

### 一　巴列维的"白色革命"

二战结束后，巴列维国王继续推进礼萨·汗的改革。1963

年开始的"白色革命"是以经济改革为核心的全面世俗化西化改革,其中土地改革打击大地主势力、出售宗教地产等手段不仅有利于实现农业现代化,还削弱了宗教势力的经济基础。同时,白色革命还在广大农村和城市分别设立"公民法院""仲裁委员会"这样的世俗司法机构来处理纠纷与讼案以改变宗教界对司法裁判权的垄断。此外,"白色革命"还注重发展教育,提高女性社会地位,赋予女性平等的选举权。1961年政府颁布了《保护妇女家庭法》,不允许男子任意休妻,限制男子多妻。1968年,伊朗政府又颁布了《妇女社会服务法》以促进妇女就业。

这一时期的伊朗颁布了新宪法,建立了较为完善的法律体系。其中,议会拥有立法权,由参众两院组成,为保持议会的独立性,大臣不得兼任议员。行政权属于国王,国王负责任免大臣。在地方行政机构的设置上,伊朗政府在城市仿效法国成立市政委员会行使权力,在农村选举产生村委员会作为治理机构。法院行使独立的司法权,设初审法院、上诉法院、最高法院及特别法院,地方还设有治安法院。深具法国法特点的是,伊朗还专门设立了行政法院。为更好地处理纠纷,1962年经公民投票,伊朗在农村和城市分别设立衡平院和仲裁委员会,主要处理小额诉讼案件。这一举措大大简化了诉讼程序,节约了司法成本,提高了司法效率,也在广大农村地区普及了法律,可谓一举数得。这一时期伊朗的法律渊源主要是法规、习惯和司法判决。在除宪法外的其他部门法中,伊朗民法特别是

《伊朗民法典》在很大程度上依据伊斯兰法（什叶派）。为适应现代需要，它还包括了一些引自西方法律，特别是来自法国法的现代概念。

在民商法领域，关于财产和程序法的规定受法国法影响大。如《伊朗民法典》的整个框架与《法国民法典》类似，《伊朗商法典》也移植了《法国商法典》许多内容，典型如破产规则等，《伊朗民事诉讼法典》也是如此。在与人身密切联系的传统民法领域，《伊朗民法典》则以伊斯兰法什叶派教义规则为基础。《伊朗民法典》中关于继承等的规定只适用于什叶派穆斯林，其他宗教及教派教徒内部的纠纷由他们自己的宗教及教派法规调整。当案件涉及多个宗教及教派时，可参考国际私法关于冲突法准用的规则处理。

在婚姻家庭法领域，《伊朗民法典》受什叶派教义影响较大但也不乏革新之处，1967 年《家庭保护法》规定不允许多妻，在一定条件下妻子有要求离婚的权利。夫妻间的法律地位也较为平等。在继承法中，《伊朗民法典》将法定继承的血亲继承人顺序分为三级，后一顺序继承人只有在无前一顺序继承人的前提下才可继承，而且夫妻间可互相继承，但根据教法规则，妇女继承的财产份额原则上只有男子的一半。

总体来看，巴列维国王"白色革命"前后颁布的法律参考了法国法特别是法国民商法的许多规则，但宗教势力在伊朗仍十分有影响力，因此，伊朗民商法的许多规则根据教法进行了一定的调整，而在财产法领域则大量移植大陆法系特别是法国法的规则。"白色革命"以来的十年间伊朗在许多方面都取得了惊人的成就，国民生产总值翻番，各种政治法律制度不断完善，农村及落后地区的教育、医疗状况也在持续改善，宗教阶层对社会的影响力被挤压。在这些巨大成绩的背后，也应看到伊朗改革的另一面，即城乡发展不均衡，农村地区从改革中获取的利益较小，城乡差距被拉大等。伊朗是一个行政、立法、司法三权分立的君主立宪制国家，但是巴列维国王通过修宪大权独揽，实行独裁统治，招致社会各阶层的不满，由此逐渐形成了反对国王的政治联盟。

## 二 霍梅尼的伊斯兰革命

1979 年，伊朗在霍梅尼领导下爆发了伊斯兰革命，霍梅尼秉持着"不要西方，不要东方，只要伊斯兰"的理念，建立了伊斯兰政权。此后，伊朗以西化世俗化为核心的法律现代化改革改弦更张。同年 8 月，伊朗公布了新宪法草案，同年 12 月通过该草案。宪法除序言外共 14 章 175 条，序言指出"宪法是伊朗社会建立在伊斯兰的原则与法规之上的文化、政治和经济基础的具体体现"，"这一革命是纯粹的伊斯兰革命"。

（一）宪法内容

第一章是总纲。其第 14 条规定"伊朗的政权形式是伊斯兰共和国"，"教士依据《古兰经》和安拉的传统发挥永恒的领导作用"。第 15 条明确规定"民法、刑法、财政、经济、行政、文化、防务和政治等所有法律和规章必须依据伊斯兰的准则，这一原则适用于宪法所有条文以及其他法律，判决法律条文是否符合伊斯兰准则是监护委员会毛拉①的责任"。第5条规定，"如果不具备多数人拥护的毛拉，则由符合条件的毛拉组成委员会"。第6条规定，"国家事务须依靠全民投票来管理"。第10条规定，"建立建筑在伊斯兰权利和道德基础上的家庭关系"。第12条规定"伊朗的国教是伊斯兰什叶派中的十二伊玛目派，其他教派亦受尊重"。第13条规定，"其他宗教教徒可按其习惯行事"。

第二章包括4条，是关于语言、文字、历法、国旗的规定。

第三章是人民的权利，包括4条，强调全体公民都同样受到法律的保护，都享有符合伊斯兰教义的人权和政治、经济、社会和文化权利。

第四章是经济和财务。第13条规定"伊朗的经济制度是有计划地建立在国营、合作经营和私营三种成分的基础上的"。

第五章规定了国家政权架构，共6条，主要规定了国家权力由立法权、行政权和司法权组成，三权在宪法下行使，三权相互独立，总统负责协调三权。立法职能由国民议会行使，议会由民选代表组成，议会席位为不同宗教及少数民族代表留有份额比例；行政职能由总统、总理和各部部长行使；司法职能由法院行使，法院应遵照伊斯兰教法原则处理讼争。国民议会

---

① "毛拉"（Mawla）一词用来称呼伊斯兰教的教士。

制定的法律不得违背国教和宪法，至于是否合乎宪法和国教则由宪法监护委员会裁决。

第六章为立法机构，共 37 条，规定国民议会由国民代表组成，组成的内阁须取得议会的信任票才能开始工作，在执政期间，内阁成员在重要或有分歧的问题上也可要求议会投信任票，议员可在议会中质询内阁或任一位部长，如有 10 名以上议员签名则可向议会提出质询要求。值得注意的是该章第 91 条规定，即为保证国民议会的决定不违背伊斯兰教法原则和宪法原则，成立宪法监护委员会。委员会由 6 名毛拉和 6 名法学家组成，其中毛拉由领袖或领袖委员会推举，而法学家则由议会通过投票，从最高司法委员会向议会推荐的法学家中选出。宪法监护委员会成员每 6 年选举一次，议会通过的所有决议、提案均须交宪法监护委员会审查，判定议会法案不违背伊斯兰教法原则需宪法监护委员会中大多数毛拉同意，而判定不违背宪法则需宪法监护委员会全体成员中的大多数同意。宪法监护委员会还有权解释宪法和监督选举。

第七章是地方委员会，共 7 条内容，规定各地成立村、区、城镇和省委员会，由当地选举产生。

第八章是领袖或领袖委员会，共 6 条，规定一名毛拉要符合宪法第 5 条的规定并为绝大多数人公议且接受才能成为领袖（霍梅尼就是一个典型范例）。领袖的权力非常大，他可任命宪法监护委员会中的毛拉成员，也可任命最高法院院长及统帅武装部队。

第九章是行政机构，规定总统是继领袖之后的国家最高领导人，总统负责实施宪法，协调三权关系并领导除直接由领袖负责事务之外的其他行政事务。总统任期四年，由人民直接投票选举产生，可连任一届，总统选举的监督工作由宪法监护委员会负责。总理是内阁负责人，领导部长工作。

第十章是外交政策，共 4 条，政策的基础是反对别国控制，维护主权和领土完整，维护所有穆斯林权利，不与支配主义的大国结盟。

第十一章是司法机构，国家最高司法机关是最高司法委员会，该委员会由最高法院院长、总检察长，及由法官选举产生的三名有资格、公正的法官组成。该委员会成员每五年选举一次，可连选连任。最高司法委员会向总理推荐产生司法部部长，负责处理有关司法权同行政权、立法权间关系的一切问题。该委员会还成立了最高法院、军事法庭及行政法庭，所有法官应具备符合伊斯兰教法原则的条件。法官依据现行成文法判决，如无法可依，则应根据伊斯兰教义和教法判决。审判公开进行，还设有陪审团（陪审团另有相关法律规定）。

第十二章、第十三章和第十四章分别是关于新闻机关、国家最高安全委员会和宪法修正案的规定。

（二）宪法特点

1. 宪法伊斯兰化

宪法确立了伊朗伊斯兰共和国这一政权组织形式，将什叶派中的十二伊玛目派确立为国教教派，伊斯兰什叶派教义贯穿宪法始终，整个国家政治生活全面伊斯兰化。神权位于立法、行政、司法三权之上，宗教领袖才是国家最高权威与领导者，宪法监护委员会成为实际意义上的最高权力机关，议会、政府和司法机关都受其监督与制约。

2. 宪法法典化

这部完全伊斯兰化的宪法采用了现代宪政的一些理念和法典化的形式，如宪法主张一切权力来源于真主，但是真主通过法律赋予人民权力，人民才是真主权力的践行者。[①] 霍梅尼在这部宪法中创造性地实现了他的政治理想，即伊斯兰教法学家治国。这在伊斯兰世界可谓一大突破，教法学家成为宗教领袖，拥有国家最高权力，宗教领袖终身任职，但不得世袭。鉴于领袖对于国家的重要性，宪法对领袖应具备的资格及条件亦作了具体明确的规定。

3. 集体负责制原则

在宪法中，集体负责制贯穿了国家的许多制度，如专家会议、宪法监护委员会、最高国际委员会、最高司法委员会等。

4. 权力分立与权力制衡原则

宪法第 57 条规定国家权力由立法权、行政权和司法权组成，三权独立且相互制约监督，除此之外，专家会议与领袖，

---

① 马明贤：《现代化的成果　法典化的杰作——〈伊朗伊斯兰共和国宪法〉解读》，《西亚非洲》2010 年第 6 期，第 20 页。

领袖与宪法监护委员会，宪法监护委员会与议会，总统与总理，议会与政府之间都是互相制约的关系。[1]

5. 伊斯兰法治原则

宪法规定伊朗按照伊斯兰法律治理国家，如"领袖或领袖委员会在法律面前同其他公民平等""领袖、领袖委员会成员、总统、总理和部长及上述官员的妻子、儿女的财产在任职前后均需经最高法院院长调查""非按法律规定的程序，不许逮捕任何人""进行公开审判"等。

（三）修宪活动

1989 年，伊朗在 1979 年宪法的基础上修宪并颁布了新宪法，与 1979 年宪法相比，新宪法取消了总理这一职位。总统是国家最高行政首脑，地位仅次于最高领袖，总统由选举产生，权力受议会监督制约。在司法方面，司法总监是国家最高司法首脑，由领袖任命，任期 5 年，最高法院院长和总检察长均由司法总监任命，任期亦是 5 年。在军事组织方面，伊朗设最高国家安全委员会，委员会由总统主持；为了协调议会与宪法监护委员会在立法问题上的分歧，设利益确定委员会，利益确定委员会由总统主持，其成员由领袖任命。这次伊朗的修宪活动针对 1979 年宪法作了一些调整，加强了总统的权力，缓解了行政权力过于

---

① 王新中、冀开远：《中东国家通史·伊朗卷》，商务印书馆，2002，第355 页。

分散的弊端。①

1989 年霍梅尼病逝，哈梅内伊被推举为新领袖，但与霍梅尼不同的是他本人并非最高宗教领袖。同年，拉夫桑贾尼当选为新总统，伊朗从此进入了后霍梅尼时代。

## 三 刑法

伊朗 1979 年伊斯兰革命后伊斯兰法开始全面复兴，刑法领域尤为明显。伊朗早在 1982 年《犯罪惩罚法》中就恢复了经定刑，规定对饮酒者施以鞭刑，同年也明确恢复了对盗窃者处以断手之刑的规定，并将通奸罪分为五大类，轻则鞭笞重则死刑。

《伊朗伊斯兰共和国刑法典》于 1991 年 7 月颁布施行，其中第五编是 1996 年 5 月才批准实施的。法典共分五编，其中第一编是一般概念，包括四个部分，即一般原则、刑罚、犯罪和刑事责任的限制，相当于刑法的总则部分；第二编是沙里亚法规定的刑罚（Haada）；第三编为报复性刑罚（Ghesas）；第四编为赔偿金（Diyat）；第五编为非沙里亚法规定的刑罚（Ta'axirat）和恐吓刑。

其中第二编是刑法伊斯兰化的集中体现。这部刑法典在第二编中恢复了《古兰经》中的四类经定刑，并在此基础上有

① 姜英梅：《伊朗伊斯兰共和国的政教关系》，《西亚非洲》2005 年第 5 期，第 54 页。

所发展，如加入对同性恋的规定等，这是《古兰经》所没有涉及的内容。第二编包括八章，分别是：第一章，通奸的刑罚；第二章，鸡奸的刑罚；第三章，女同性恋；第四章，拉皮条的刑罚；第五章，性诬告；第六章，醉酒的刑罚；第七章，国内动乱的刑罚；第八章，盗窃的刑罚。

（一）通奸的刑罚

1. 第64~67条界定了什么是通奸行为

第63条：通奸是指男女之间发生的为法律禁止的性交。

第64条：通奸者已届成年，神志清醒，能够控制自己行为并认识到其行为属于违法性质的，应受刑事处罚。

第67条：通奸一方声称其是被强奸的，如其主张不能被明确证明是虚假的，将免受处罚。

2. 第68~81条规定了在法庭上证明通奸的方式

第68条：通奸者在法官面前重复四次供认通奸事实的，将按规定受到刑事处罚；重复供认不足四次的，刑事处罚由法官裁量。

第74条：通奸者如应受鞭刑或石刑惩罚，须经4名正直的男人或3名正直的男人和2名正直的女人提供证言证实。

第75条：如通奸者仅被处以鞭刑，须经2名正直男人和4名正直女人提供证言证实。

第76条：单纯女人证言或结合仅1名正直男人证言不足以证实通奸事实，构成诬告的，诬告者将受刑事处罚。

第81条：通奸一方在供认通奸行为前忏悔的，将免受处罚，但在供认后才忏悔的，仍应受处罚。

3. 第 82~86 条列举了通奸的处罚类型

第 82 条：下列情形通奸应处死刑，不论罪犯的年龄和婚姻状况。

（1）与血亲通奸的。

（2）与继母通奸的，通奸男方应处死刑。

（3）非穆斯林男子与穆斯林女子通奸的，通奸男方应处死刑。

（4）在强奸的情形下，强奸者应处死刑。

第 83 条：下列情形下，通奸者应处石刑。

（1）结成永久婚姻的已婚男子与女子通奸的。

（2）结成永久婚姻的已婚女子与成年男子通奸的。

（二）鸡奸的刑罚

第 108~113 条：鸡奸是指男性与同性性交；鸡奸的主动和被动方，如为成年人且神志清醒、意志自由，均应被处死，处死的实施方式由沙里亚法官决定；神志清醒的成年男子与未成年男子性交的，该成年男子应被处死，被动一方如非受胁迫所为，应处以 74 鞭；未成年男子性交的，双方均应被处以 74 鞭，除非一方系受胁迫所为。

（三）女同性恋

第 127~134 条：女同性恋是指女子间建立恋爱关系；女同性恋者各处 100 鞭；女同性恋行为屡教不改且重复三次的，每次均应被课以刑罚，第四次将处以死刑；女同性恋在法庭上的证明方式，与男同性恋的证明方式相同；女同性恋者供认其为行为并忏悔的，沙里亚法官可以请求领导者（Valie Amr）宽恕她。

（四）拉皮条的刑罚

第135～138条：拉皮条指促成两人通奸或同性恋的行为；拉皮条者为男性的，对男子处以70鞭，并将其驱离住所3个月至1年；拉皮条者为女性的，对女子处以75鞭；拉皮条者如系成年人，且神志清醒、意志自由，本人两次供认即可证明；2名正直男子的证言也可证明拉皮条。

（五）性诬告

第139～164条：性诬告指将通奸或鸡奸与特定人联系在一起；实行性诬告的，对男子或女子均处以80鞭刑罚；侮辱导致受害人人格尊严受损，但不构成诬告通奸或鸡奸的，应被处以74鞭刑罚；丈夫错误指控妻子通奸，应被处死的妻子因双方的一个子女而幸存，其夫可免于刑事处罚，如妻子因该子女外的其他继承人而幸存，其夫应受刑事处罚。

（六）醉酒的刑罚

第174～176条：男子和女子醉酒均处罚80鞭。

（七）**违反公共道德的犯罪**

主要规定在后颁行的第五编第18章，如第638条：任何人在公共场所明显违反宗教禁忌，将被处以10天至2个月监禁或处以74鞭。女子在公共场所未正确穿戴头巾，将被处以10天至2个月监禁，或处以5万至50万里亚尔的罚金。

## 四　商法

近年来因为核问题，伊朗长期遭到西方世界的制裁，经济遭受重创，因此伊朗十分鼓励外资及民间资本参与国家建设，给予一系列的资本准入及税收方面的优惠待遇。

（一）鼓励与保护外国投资法

1. 外国投资者享受与国内投资者同等的权益、保护和优惠

2. 接受外资的一般条件

接受外国投资应当有利于工业、矿业、农业和服务业的生产和发展，遵循国家现行法律法规，按照以下准则进行。

（1）有利于经济的增长、技术水平和产品质量的提高、就业机会的增加和出口的增长。

（2）不威胁国家安全和公共利益、不破坏生态环境、不扰乱国家经济、不破坏依靠国内投资而进行的生产活动。

（3）不会导致政府向外国投资者提供特权，特权是指使外国投资者处于垄断地位的权利。

（4）外国投资所创造的产品及服务价值占颁发许可时国内市场的产品及服务价值的比重，在每个经济部门不超过25%，国内行业不超过35%。用于生产出口商品和提供出口服务（原油除外）的外国投资不受上述比例限制。

3. 国有化

不得没收外国投资或将其财产收归国有。除非为了公共利益，按照法律条款，以非歧视性的方式，对其财产进行没收或

国有化。但在此之前，应尽快按投资的实际价值给予适当的补偿。

4. 利润汇出

外资在扣除了税款、费用及法定储备金后，其利润在经委员会审核通过并由财经部部长批准后可汇出伊朗。在《外国投资法》框架内，经委员会通过并由财经部部长批准后，给外国投资者的优惠分期付款以及专利、专有技术、技术服务、咨询设计、品牌、商标和管理等各种合同的费用可以汇出境外。

5. 争端解决机制

政府与外国投资者在投资方面的纠纷如不能通过协商解决，则由国内法院进行调解，与外国投资者所在国政府在双边投资合同中一致同意用其他方式进行解决的情形除外。

（二）税法

2002 年 2 月，伊朗议会通过立法改革国家的税制，减少公司税，增加增值税，所得税从原来的 54% 降到 25%，鼓励私人成分向生产企业投资。

1. 纳税主体

（1）在伊朗或在国外获得的收入、具有伊朗国籍的公司和其他组织的法人。

（2）在伊朗或在国外获得的收入、居住在伊朗且拥有伊朗国籍的自然人。

（3）全部收入在伊朗获得、居住在国外但拥有伊朗国籍的自然人。

（4）任何非伊朗国籍的自然人或法人，其收入在伊朗获得，以及通过转移许可和权利、培训、技术支持和出售电影版权从伊朗获得收入的。

2. 所得税

（1）工资所得税。某自然人受雇于其他人（自然人或法人），就他们在伊朗的职业提供服务，从而根据工作时间或工作量以现金或非现金方式得到收入的，应缴纳工资所得税。伊朗税法规定，职工工资收入的应纳税额是扣除免税部分后工资收入的 10%。

（2）营业所得税。每个自然人通过从事某项经营或以本法其他各章未提到的方式在伊朗获得收入的，都应缴纳营业所得税。纳税人的营业收入扣除本法规定的免税额后按以下规则缴税：应纳税收入在 3000 万里亚尔以下，税率为 15%；应纳税收入在 0.3 亿~1 亿里亚尔，税率为 20%；应纳税收入在 1 亿~2.5 亿里亚尔，税率为 25%；应纳税收入在 2.5 亿~10 亿里亚尔，税率为 30%；应纳税收入在 10 亿里亚尔以上，税率为 35%。

（3）法人所得税。公司的收入和法人通过其在伊朗境内外其他营利性业务活动所获得的收入总额在扣除了经营中的亏损、非免税亏损和本法规定的免税款额之后，均依照 25% 的税率纳税。

（4）其他税费。公司优先股和有价文件（证券）在股票交易所的每笔交易，都应按股票销售价的 0.5% 的税率纳税。

公司优先股或股东股的每笔交易,应按优先股名义价的 4% 的税率纳税,股票交易人无须缴纳其他所得税。优先股交易者应向税务组织缴纳交易税。公证处在更改或整理交易文件时应取得纳税凭证作为公证文件的附件。对于交易所接受的股票上市公司,用于股票交易的储备金纳税税率为 0.5%,但无须缴纳其他所得税,公司应在注册资本增加之日起 30 天内将税款汇入税务组织指定账户。法庭辩护律师和在专门诉讼案中担任律师的人,有责任在委托书中限定律师酬金,并在委托书上贴相当于酬金 5% 的印花税票。

3. 公司税

公司和其他法人在伊朗或在国外以各种来源赚取的总应征税的收入在减去本法规定的免税款额之后,应依照 25% 的税率纳税。其股票在证券交易所上市的非商业性质的伊朗法人,将免除 10% 的公司税。

4. 免税

(1)经许可建立的生产企业和采矿单位或者从工矿金属部或者圣战建设部取得身份卡的单位,从营业之日起,收入的 80% 将被免除征税。如果上述单位在伊朗不发达地区经营,其收入的 100% 免税 10 年。根据"社会经济和文化发展第 3 个五年计划"的第 113 款,政府对上述单位全部货物和服务的出口免除征税。

(2)所有从农业、畜牧业、渔业等产业中获得的收入也免除征税。

（3）公益事业以及以宣传文化、宗教和科学为基础的活动的税收也给予免除和减免。

5. 自贸区的税收优惠

在自贸区进行经济活动的自然人和法人，从获得许可经营之日起，15 年内免于缴纳直接所得税。

6. 避免双重征税

为了避免重复征税，伊朗政府已经与许多国家，如德国和法国签署了协议。按照协议规定，相关国家对其公民或法人在伊朗通过运输乘客和货物赚取的收入免除征税。

中国于 2002 年 4 月与伊朗签署了《中华人民共和国政府和伊朗伊斯兰共和国政府关于对所得避免双重征税和防止偷漏税的协定》。该协定特别适用的现行税种是中国的个人所得税、外商投资企业和外国企业所得税，以及伊朗的所得税。

# 第二节　土耳其

## 一　宪法

### （一）1961 年宪法

1960 年和 1980 年，土耳其军队两次发动军事政变，接管政府。这两届军政府在执政期间，都制定颁布了新宪法，即 1961 年宪法和 1982 年宪法。

土耳其 1961 年宪法仿效西方将整个国家权力架构在立法、

行政、司法三权分立且三权间彼此制约与平衡的基础之上。

1.议会行使立法权，以两院制即参议院和国民议会取代以往的一院制。两院合称土耳其大国民议会。参议院中150名议员由选举产生，另有15名由总统直接任命，前国民团结委员会委员是参议院之当然成员。共和国历届总统亦援此例，任期七年。国民议会则由450名议员组成，议员任期四年，按照各省人数及政党获得的票数来分配议席，国民议会有权制定、修改或废除法律。两院间权力亦相互制约，如果参议院不同意国民议会所通过的法律，可适用特别程序，以2/3多数否决国民议会的议案，但国民议会的决定是有约束力的最终决定。国民议会还有权通过对政府的不信任案。据1971年宪法修正案，国民议会还可以就一些特定事项授权政府来发布条例。

2.总统是政府首脑。总统由大国民议会选举产生，任期七年，不得连选连任。总统有权任命总理及15名参议院成员，有权在休会期间召开大国民议会、颁布法律法规，有权主持国家安全委员会及在必要时主持内阁。政府则由总统与内阁组成。内阁又由总理及部长组成。总理主持内阁，负责协调各部工作。

3.1961年宪法还建立宪法法院。宪法法院有权裁决大国民议会制定的法律法规是否合宪，是国家的违宪审查机构。除此之外，它还有权对政府高官在执行公务时受到的刑事犯罪指控进行初审和终审，有权审议是否免除大国民议会议员资格及撤销议员豁免权，有权审查政党的财务收支。宪法法院共有

11 名常设法官，宪法规定裁决须由 11 名常设法官一致通过。宪法法院作出的裁决即为最终裁决，所有机构、个人均须遵守。除宪法法院外，1961 年宪法还建立了一系列的法院体系。治安法院和基层法院是普通初审法院，还设有行政法院、劳工法院等专门法院。最高法院的主要职责是维护司法判决的一致性，所以最高法院为确保统一司法实践作出的裁定也是法律渊源之一。

4. 1961 年宪法还增加了公民的权利和自由，保护公民言论、出版和集会自由，禁止利用宗教压制思想自由的内容。

综上，1961 年宪法带有鲜明的时代烙印。军人政变后颁布的这部宪法重申了凯末尔主义及军队在国家政治生活中的重要作用，与此同时分权与制衡成为这部宪法的核心原则。与 1924 年宪法相比，该宪法一方面将议会由一院制改为两院制，这使得立法机构立法权本身亦有所制衡；另一方面，议会与总统、立法权与行政权之间有着复杂的制约与反制约机制。如议会通过的法律须经总统同意后颁布，如总统不同意，可在 10 日内要求议会重审；立法权由两院共同行使，行政权则由总统和内阁一起行使，并实行责任内阁制，内阁主要对议会负责，议会如对内阁投不信任票，则可导致内阁倒阁。这与 1924 年宪法相比实际上削弱了总统的权力。该宪法还规定当选总统须放弃其政党身份，如有议员身份亦自行终止，这使得总统超越了党派身份。宪法还规定"国家对最近一次大选中获得有效选票 5% 的政党提供财政资助"，这使得土耳其从此以后逐渐迈入了多党议会的民主政治进程。

（二）1982年宪法

在 1961 年宪法框架下，土耳其民主化进程加速，表现为多党政治的发展及公民民主自由权利的增加，但是这种较为宽松的政治氛围也导致了国家政治生活的无序及动荡，再加上国内经济衰退的影响，1980 年，军人再次发动政变，随后新政权颁布了 1982 年宪法。

1. 宪法在序言中强调凯末尔的民族主义原则，维护土耳其的民主共和和世俗原则，并强调不得提出宪法修正案对这些原则进行更改。这些规定旨在应对当时土耳其出现的民族分裂势力及反世俗主义。

2. 鉴于反对党林立造成的政治动荡，1982 年宪法适时收缩了 1961 年宪法的多党议会民主制，取缔了 1980 年军管前的所有主要政党，且规定这些政党的领导人 10 年内不得再组建新政党。[①] 此外，宪法对新成立的政党亦有相当限制，政府既不对政党提供财政支持，也不允许其他组织支持政党或者接受政党支持。新成立的政党还必须至少覆盖全国半数省份，以及自成立后接连两届不能参加竞选的须自行解散，否则由司法机关责令解散。

3. 加强中央集权，设立新的国家机构以强化总统权力。

---

① 魏本立：《土耳其 1982 年宪法与 1961 年宪法的比较研究》，《西亚非洲》1985 年第 6 期，第 13 页。

1982 年宪法设立直属总统的国家监察委员会和总统顾问委员会，前者应总统要求可对包括国家行政机关在内的机构进行监察，而后者则是总统的决策辅助机构。

综上，与 1961 年宪法相比，1982 年宪法中总统权力大增，总统可解散议会、提前举行大选，可任命宪法法院法官，亦可否决包括宪法修正案在内的议会立法；宪法甚至规定政府高于议会，并对公民及媒体的自由也进行了限制。①

（三）1961年宪法与1982年宪法之异同

相同之处是这两部宪法均诞生于军事政变后，两部宪法中国家的基础框架并未有大的改变。

1. 两部宪法均是成文的刚性宪法，修宪须由至少 2/3 议员书面提出且经 2/3 议员投票同意后方能通过。

2. 国体及国家结构不变，且都高举凯末尔主义这面大旗，并确保军队及军人的参政权。

3. 两部宪法都坚持了主权在民、三权分立、权力制衡及民主法治原则。

不同之处主要在于以下几点。

1. 1961 年宪法确立共和国的政体是责任内阁制。核心在于内阁，内阁成员由议会从议员中选举产生，内阁须对议会负责并受议会监督，如果议会对内阁投不信任票，则内阁应全体

① 李艳枝：《试论土耳其的宪法更新与民主化进程》，《国际研究参考》2013 年第 8 期，第 13 页。

辞职。在这部宪法中，总统权力较弱，虽然政府是由总统和内阁共同组成的，但是总统是超越党派的国家元首，其职权更多是礼仪性质的；而总理及内阁则拥有更多实质上的权力。与此形成鲜明对比的是，1982年宪法仿效1958年法兰西第五共和国宪法，创造出一种不同于以往的政体，即半总统半议会制政体，总统除了是国家元首外，还有解散议会、重新进行大选的权力。议会及内阁的权力被削弱。

2. 议会设置不同。1961年宪法规定土耳其大国民会议由参议院和国民议会组成。参议院由公民选举参议员、总统指定参议员及终身参议员组成。除终身参议员外，其余参议员任期六年，每两年改选1/3。国民议会则由公民直选，议员任期四年。1982年宪法则将两院制改为一院制，取消参议院，议员任期五年。

3. 总统的职权不同。如前所述，1982年宪法大大加强了总统的权力，相应地削弱了总理与内阁的权力。具体表现为，总统是国家元首，同时也是国家武装部队最高统帅。总统负责监督整个宪法的实施，可以解散议会，决定是否举行大选，也可解除各部部长职务，决定宪法法院、行政法院等的人选，还可通过直属总统的国家监察委员会和总统顾问委员会对几乎所有重大事项作最后决定。

4. 公民的基本权利规定不同。基于1982年宪法的诞生背景，这部宪法对于公民基本权利较1961年宪法作出较多限制，对包括新闻媒体、工会、政党等的活动都限制颇多。此宪法对公民的集会和游行示威权利亦有所限制，如当集会和游行可能对国家安全产生危害时，有关当局对其有禁止或推迟的权力。

（四）2001年宪法修正案

1982年宪法在颁布实施后历经了多次修改，其中2001年的宪法修正案被认为是对现行宪法最重要的一次修改。鉴于1982年宪法诞生在一个特殊背景下，对公民民主权利限制较多，伴随着土耳其加入欧盟的脚步加快，为达到欧洲人权协议标准，立法机构从2001年开始对宪法进行了有力的修改以加快民主化进程，修改主要集中在序言和公民基本权利方面。在序言部分，"任何思想与想法不得违背土耳其民族利益"中的"思想与想法"被改为"行为"，不以思想获罪这一修改更合理也更符合现代宪政理念。1982年宪法中限制公民基本权利的规定也基本上都被取消了。公民的人身、通信自由、隐私等权利不受侵犯。此外，公民还有成立、加入协会等团体法人的权利。2001年宪法修正案严格限制死刑，除了面临战争、战争的威胁及恐怖犯罪外，不得执行死刑。

（五）2010年宪法修正案

1982年宪法从诞生之日起非议之声就不绝于耳，从1987年开始这部宪法经过多次修订，每一次修订都伴随着当时各种政治力量的博弈与妥协，其中正义与发展党与共和人民党是两支主要对立政党。正义与发展党就被认为带有明显的温和伊斯兰主义倾向。

2008年执政的正义与发展党提出一项宪法修正案，即废除头巾禁令，随后被议会通过。土耳其长期遵循凯末尔的世俗主义，禁止女性在大学及公共场所戴头巾，这一直被认为是土耳其世俗主义的体现。因此，共和人民党对废除这一禁令的宪法修正案极其不满，并将这一修正案提交宪法法院，认为该修正案违反了 1982 年宪法前三条不可修改之原则，即土耳其是一个世俗国家的规定。宪法法院最终对该宪法修正案进行了表决，结果在 11 名法官中，9 人支持保留头巾禁令，最后导致该修正案遭到否决。

其后土耳其总检察官又向宪法法院提交申请，要求取缔正义与发展党，认为该党业已损害土耳其作为一个世俗国家的性质，指控该党意在将土耳其变为宗教国家、实行伊斯兰法、改变土耳其的世俗属性。主要证据就是头巾禁令等问题，结果宪法法院以一票之差没有通过检察院的取缔申请。

正是该案使得以居尔为首的正义与发展党认为，要达成目标就必须通过修宪来完成对国家司法体系的改革。因此，新提交的修正案将宪法法院法官人数增至 17 人，将高等法官及检察官委员会的人数增加到 22 人，将国家主要司法机构纳入政府控制范围。2010 年 9 月 12 日，该修正案以全民公投方式获得通过。

此次修宪包含 26 项内容，涉及宪法法院、高等法官和检察官理事会的人事变动以及法院和检察院成员的选举方式，同时还限制了军方的部分权力，允许民事法庭审判涉案现役军人，削减军事法庭权力，废除庇护 1980 年军事政变领导人的条款。

此次修宪是对源自军政府时代的土耳其旧宪法的一次大调整。执政的正义与发展党表示，通过此次修宪，土耳其将更符合欧盟的政治体制标准，有助于土耳其加入欧盟。欧盟委员会也对土耳其修宪表示支持，称其是"往正确方向迈出的一步"。但是，欧盟对土耳其政府未就修宪议案在政治和社会领域进行广泛协商表示遗憾，认为其对高等法官和检察官理事会的改革，实际效果如何还未可知。

主要反对党则将此次公投称为埃尔多安领导的伊斯兰政变。土耳其最高法院和军方一直以土耳其世俗主义的捍卫者自居。这次修宪把削弱军权与司法权同时交付全民公投，反对党认为修宪严重削弱了司法部门的权力以及司法独立的原则。此前，土耳其最高法院就和正义与发展党以及现政府有过多次冲突，其矛盾主要集中在对伊斯兰主义与世俗主义的界定上。通过此次修宪，这两支力量都从法理上都被弱化了。

从 20 世纪末至 21 世纪初，土耳其各方一直都在为制定一部新宪法而努力，这也被认为是土耳其在为加入欧盟铺平道路，但是制定新宪法的核心问题，在于新时代下如何看待凯末尔主义。凯末尔主义六原则从土耳其建立共和国之日起就一直是整个国家的主导原则和意识形态，并被明文载入共和国的三部宪法当中。凯末尔坚持世俗化的国家定位，希望逐步削弱宗教势力直至将整个宗教界纳入国家管控。凯末尔主义的捍卫者——军方以及共和人民党不认可由正义与发展党来主导新宪法的制定。由此在中东伊斯兰复兴浪潮的大环境与土耳其国内小环境的共同作用下，土耳其新宪法诞生与否还是要取决于各种政治力量的角逐，而是否高举凯末尔主义这面大旗，将是土耳其未来面临的一大政治难题。

## 二　民法

1926年《土耳其民法典》颁行后历经了多次修订，出于适应新的时代需要以及加入欧盟的考量，2001年，土耳其又颁布了新的民法典。这部民法典由一个序言和人格、家庭、遗产与财产四章内容组成。与1926年民法典相比，新民法典吸收了晚近大陆法系中民法的有益经验，受德国及瑞士民法影响较大。总体而言，2001年民法典较1926年版本进行了如下调整。

（一）语言风格更通俗易懂。

（二）对婚龄又作了调整，男女一律提高至18周岁，有特殊情况的，年满17周岁且得到法院的许可亦可结婚。

（三）家庭法部分变化大，男女平等的原则贯穿始终。

1. 夫妻婚后居住的房屋由夫妻双方共同决定，改变了过去只能由丈夫决定的规定。

2. 在女方居住地亦可办理婚姻登记，改变了过去只能在男方居住地办理婚姻登记的规定。

3. 在婚姻关系中男女平等，改变了过去丈夫是家长的规定。

4. 在婚姻存续阶段，夫妻双方均可代表家庭。

5. 夫妻双方可协商管理财产。

6. 基于男女平等的原则，原民法典中"丈夫有照看妻子与孩子的义务"被取消了，夫妻相互间均有扶养义务。

7. "妻子的职业要得到丈夫的许可"这一规定也被废除了。

（四）保护儿童，以孩子的利益为最大考量，婚生子女与非婚生子女享有同等权利。

（五）关于离婚的新规定。

1. 放宽了离婚的理由。生活中的区别对待、恶劣及伤害感情的态度是离婚的重要理由。

2. 离婚后女性可继续使用自己娘家的姓氏。

（六）关于继承的新规定。

1. 扩大了被继承人生前对财产的自由处置权。

2. 扩大了继承人的范围。在孩子父亲死亡的前提下，抚养侄子女的叔父、姑母、姨母等均可获遗产。

## 三　商法

1956 年新《商法典》由序言、五编和最后条款构成，共1475 条。

第一编是企业，规范对象包括商人、商业登记、商号、不正当竞争、簿记、商业代理。

第二编是商业公司。它制定了总则，并对合伙、有限合伙、股份有限合伙、有限公司和合作社等作了规定。

第三编是有关商业单据的规定。其中包括总则和与特殊单据——记名和无记名票据、汇票、本票、支票，以及货物所有权凭证有关的规定。

第四编是海事法。其中包括船舶、船舶所有人、海事合伙、船长、海上运输合同、海损、海上留置权与时效期限的相关规定。

第五编是保险。其中包括一般规定及有关货物保险、人寿保险和海事保险的具体规定。[①]

## 四　刑法

为建立民主的刑事司法制度以满足加入欧盟的标准，2004年9月26日土耳其通过了新的刑法典，于2005年6月1日全面施行。纵观《土耳其刑法典》的变迁，可以发现土耳其刑法完全移植了欧陆国家的刑法理念与制度，已难以找到伊斯兰法中诸如通奸等经定刑犯罪的痕迹。与埃及新刑法典相比，土耳其这部刑法典已没有明显的伊斯兰元素了。

### （一）刑法的渊源

土耳其的刑法包括刑法典和特别刑法。刑法典是刑法的主

---

① 上海社会科学院法学研究所编译室编译《各国宪政制度和民商法要览·亚洲分册》，法律出版社，1987，第247页。

体，但民事、经济、行政法律中也有部分涉及刑事责任的条款。

（二）刑法的基本原则

1. 罪刑法定原则

《土耳其刑法典》第 2 条第 1 款规定："针对刑法未明文规定为犯罪的行为，不能对行为人适用刑罚或者保安处分。刑罚和保安处分的适用，也不允许超出刑法规定的范围。"第 3 款规定："有关犯罪与刑罚的法律的条款，禁止类推适用。有关犯罪与刑罚的条款不能进行类推解释。"

2. 公平原则

《土耳其刑法典》第 3 条第 1 款规定："不能对行为人适用与其所实施的不法行为的严重程度不相称的刑罚或者保安处分。"第 2 款规定："不能因为人种、语言、宗教、派系、民族、肤色、政治倾向等的不同而歧视他人，也不能因此在立法和司法中予以差别待遇。"

（三）体系

《土耳其刑法典》分为总则和分则两编。总则包括以下三章：基本原则、术语定义和适用范围；刑事责任的构成要件；处罚。分则包括以下四章：国际罪行、危害个人罪、危害社会罪、危害民族国家罪与最后条款。

（四）具体内容

为了达到欧盟民主人权标准，2004 年刑法典较上一版有了较大改动。

1. 废除死刑

新刑法典明确废除了死刑，最高刑即是终身监禁。

2. 完善了国际罪行的相关规定

（1）分则第一章的国际罪行包括种族灭绝和反人类罪。

（2）非法运送移民和从事人口交易，严重者可处最高刑。

3. 保护未成年人

（1）对儿童进行性侵害的，处 3 年以上 8 年以下监禁。与已满 15 周岁未成年人性交的，处 6 个月以上 2 年以下监禁。

（2）让儿童观看淫秽场景或物品，收听淫秽语音的；在儿童易于到达的场所展览淫秽物品，阅读淫秽物品的内容或者让他人谈论这些淫秽物品的，处 6 个月以上 2 年以下监禁。利用儿童制作淫秽场景、音频、视频资料的，处 5 年以上 10 年以下监禁，并处 5000 里拉以下罚金。

（3）怂恿儿童卖淫、为儿童卖淫提供方便、为儿童卖淫提供场所或者在儿童卖淫活动中担任中间人的，处 4 年以上 10 年以下监禁，并处 10000 里拉以下罚金。

（4）为儿童实施赌博提供场所或者便利条件的，加重 1 倍处罚。

（5）利用身体或者精神残疾的儿童从事乞讨的，处 1 年以上 3 年以下监禁。

（6）父母决意酗酒、吸毒或者通过为其子女带来羞辱的方式危及其子女的健康、良好品行、安全的，处 3 个月以上 1 年以下监禁。

4. 堕胎是一种犯罪行为，但是特殊情形也可从宽

（1）任何人未经妇女的同意为其实施堕胎并使其失去胎儿的，处 5 年以上 10 年以下监禁。

（2）任何人对妊娠期超过 10 周的妇女实施医学上认为不是必需的堕胎，即使其行为得到该妇女的同意，也对其处 2 年以上 4 年以下监禁。

（3）妇女由于受到犯罪侵害而怀孕，如果孕期未超过 20 周并且得到该妇女同意为其实施堕胎的，实施堕胎的人不承担刑事责任。

（4）妊娠期超过 10 周的妇女同意他人为其堕胎的，处 1 年以下监禁或罚金。

5. 对破坏宪法秩序的重罪予以严惩

（1）任何人使用武力或者威胁手段，力图抛弃土耳其共和国宪法确定的规范，力图篡改现行的宪法制度或者妨碍宪法实施的，处终身监禁。

（2）对总统实施侵犯或者身体袭击罪

对任何袭击土耳其共和国总统的人，处终身监禁。实施本款的犯罪未遂的，也应当以既遂的刑罚论处。对土耳其共和国总统实施其他身体伤害的，加重 1/2 处罚。

（3）危害立法机关罪

任何人使用武力或者威胁手段，力图解散土耳其大国民议会或者部分或全部地阻止这一立法机关履行职责的，处终身监禁。

（4）危害政府罪

任何人使用武力或者威胁手段，力图解散土耳其共和国政府或者部分或全部地阻止其履行职责的，处终身监禁。

（5）武装颠覆土耳其共和国政府罪

任何人煽动土耳其公民举行针对土耳其共和国政府的武装叛乱的，处 15 年以上 29 年以下监禁。成功地导致暴乱发生的，处 20 年以上 25 年以下监禁。

任何人指挥针对土耳其共和国政府的武装叛乱的，处终身监禁。参加这一叛乱的其他人，处 6 年以上 10 年以下监禁。

6. 严禁重婚、欺诈结婚及不履行法定结婚手续只举行宗教结婚仪式的行为

（1）已经依法结婚的人在婚姻存续期间又与他人结婚的，处 6 个月以上 2 年以下监禁。

（2）未婚的人与其知悉的已经和他人结婚的人结婚的，按照前款规定处罚。

（3）通过隐瞒其身份的手段结婚的，处 3 个月以上 1 年以下监禁。

（4）夫妻不履行法定结婚手续而仅举行宗教结婚仪式的，处 2 个月以上 6 个月以下监禁。

7. 不得妨碍他人行使民主政治权利

（1）任何人使用暴力或者威胁手段强迫他人实施下列行为之一的——成为某一政党的成员、参加或不参加某一政党的

活动，脱离某一政党或者不参加该政党的管理活动的；不在公职选举中接受提名或者辞去已经当选的职位的——处 1 年以上 3 年以下监禁。

（2）使用暴力、威胁或者实施其他任何违法行为，妨碍某一政党举行活动的，按照前款的规定进行处罚。

8. 不得利用宗教

（1）不得利用宗教服务实施渎职行为。

伊玛目、布道者、牧师、犹太教堂神职人员在提供服务的过程中，指责或者蔑视政府管理、国家法律或者其他公共机构的事务的，处 1 个月以上 1 年以下监禁，单处或者并处罚金。

宗教首领或者宗教教职人员从事或者许诺从事违背其法定职责的事务，或者强迫、说服他人实施这种行为的，按照前款规定处罚。

（2）不得利用宗教等煽动人们陷入仇恨和敌对。

任何人公开地煽动属于不同社会阶层、宗教、种族、派系、血统和群体的人们仇恨或者敌对另一群体，危害某一方面公共安全的，处 1 年以上 3 年以下监禁。

任何人仅仅因为他人属于不同社会阶层、宗教、种族、派系、血统而公开地对其进行侮辱的，处 6 个月以上 1 年以下监禁。

任何人公开地蔑视某一团体的宗教信仰，给公共秩序造成潜在，处 6 个月以上 1 年以下监禁。

（3）不得因为他人的种族、语言、宗教、性别、缺陷、哲学信仰、观点或者政治派系站位而对其实施歧视，因此有下列行为之一的——①因为上述原因而妨碍他人销售、转让动产或者不动产，拒绝从事服务或者接受服务，设定雇用或者不雇用的限制；②拒绝提供食物或者提供公益服务；③妨碍他人从事日常的经济活动——均处 6 个月以上 1 年以下监禁或者罚金。

9. 保障言论信仰自由

（1）任何人使用暴力或者威胁手段，让他人透露或者改变其宗教的、政治的、哲学的信仰、思想、信念或者阻止他人透露、公开其宗教的、政治的、哲学的信仰、思想、信念的，处 1 年以上 3 年以下监禁。

（2）在侮辱土耳其国家主权标志、民族、共和国、国家机关罪中，只要是出于批评目的发表的意见均不构成犯罪。

10. 废除了通奸罪

# 第三节　埃及

## 一　宪法

### （一）纳赛尔时代的宪法

埃及在 1953～1956 年的军管时期，结束了君主制，诞生了共和国，进入纳赛尔时代。1956 年埃及颁布临时宪法。这部宪法以美国宪法为蓝本，以立法、行政、司法三权分立为原则，建立起以总统为核心的政治架构，总统既是国家元首，又是政府首脑及全国武装力量最高统帅①，同时国民议会也可制约总统权力。总统是由国民议会提名产生的，且议会可以 2/3 多数票否决总统的议案。1958 年，埃及与叙利亚合并成立阿拉伯联合共和国，纳赛尔为总统，随即颁布临时宪法。1961 年叙利亚脱离阿拉伯联合共和国，1964 年埃及又颁布一部新宪法。

（二）萨达特时代的宪法

1. 1971 年永久宪法的内容

1970 年，纳赛尔去世，埃及开启了萨达特时代。1971 年，国民议会制定的永久宪法经公民投票通过，于 1971 年 9 月 11 日颁布施行。1971 年宪法共 7 章 211 条。

第一章规定了国家性质、政治制度和经济基础。埃及是一个民主和社会主义的共和国，主权属于人民，一切权力来源于人民；埃及人民是阿拉伯民族的一部分，官方语言是阿拉伯语；伊斯兰教是国教，沙里亚法是立法的主要依据。

第二章规定了社会的基本要素，强调社会建立在团结的基础上。国家应注意保持埃及家庭的本色及其所体现的价值和传统，保障所有公民机会均等和受教育权；国家所有制是国家力

---

① 孔令涛：《埃及宪法的创设、沿革及其修改》，《阿拉伯世界研究》2009 年第 5 期，第 48 页。

量的后盾、社会主义制度的基础和人民舒适生活的源泉，国家所有制神圣不可侵犯，但法律也保护合作所有制和私人所有制。

第三章规定公民的自由、权利和公共义务。所有公民在法律面前一律平等，不因性别、种族、语言和宗教信仰受歧视。公民有信仰、言论自由，有选举权和被选举权，担任公职，出版和新闻自由权，集会、结社权，劳动权，社会福利权，获得国家赔偿权，受教育权，人身自由权，人格尊严权，家庭、隐私不可侵犯权等。公民的基本义务有：劳动的义务；关心和维护道德，巩固埃及真正的传统的义务；参加管理并监督公共福利事业的义务；保卫祖国，依法服兵役的义务；保护和加强社会主义成果的义务；保卫民族团结的义务；保守国家机密的义务；缴纳税款和公共支出的义务。

第四章法律的地位，规定国家服从法律，公民受法律保护。

第五章政体，规定总统是国家元首，是武装部队最高统帅，掌握和行使执行权。总统候选人的条件为：年龄不小于40周岁、享有公民权和政治权利的埃及人。父母均须为埃及人，总统人选由人民议会提名产生并提交公民投票。议会根据至少1/3议员的建议提出总统人选，把在议会获得2/3及以上票数的候选人提交公民投票，获得公民投票的绝对多数者便被认为是总统。总统任期6年，可连选连任一届。人民议会行使立法权并据宪法对执行机关的工作实施监督，人民议会任期5

年。政府是国家的最高执行和行政机构，由总理和各部部长等组成。司法权独立，法官在行使司法权时不受其他权力的支配，只服从法律。

第六章规定开罗是国家首都，国家有法律规定的国旗和国徽。此章还规定了协商会议的组建和选举方式、议员任期以及和人民议会、执法机构的关系等。

第七章规定了新闻机构的性质、职责和组织形式。

1980 年，萨达特提议修宪，并以全民公投的方式通过了一系列宪法修正案。重要的修正内容包括总统可无限期连任（1971 年永久宪法规定总统只可连任一次），将一院制改为两院制，还在人民议会之外另设"协商会议"。

2. 1971 年永久宪法的特点

1971 年永久宪法及其修正案有着鲜明的特点。

（1）分权原则

永久宪法实行立法、行政、司法三权分立制度，人民议会行使立法权，总统及政府行使行政权，法院行使司法权。三权各有分工，彼此制衡。

（2）社会主义原则

社会主义思潮在二战后影响了许多阿拉伯国家，这种"阿拉伯社会主义"也贯穿了这部宪法，如宪法规定"阿拉伯埃及共和国是以劳动人民力量联盟为基础的民主和社会主义制度的国家"。在此联盟中"工人、农民的数量至少应占半数"，在人民议会中也是如此。

（3）民族特性

在埃及的宪政运动以及宪法中，阿拉伯民族主义原则贯穿始终。民族主义对埃及的影响很深，在宪法中也充分体现了这一原则。1971年永久宪法规定"埃及人民是阿拉伯民族的一部分，埃及人民努力实现阿拉伯民族的全面统一"，"保卫民族团结"是每个埃及公民的义务。阿拉伯民族主义最初根植于伊斯兰教的传播，而其近代民族主义思潮的产生，则与阿拉伯人民反对外来统治、争取民族独立运动密不可分。在埃及人民的反对帝国主义、反对殖民主义的运动中，阿拉伯兄弟国家给予了许多支持，埃及革命的成功也使得阿拉伯人民将其视为阿拉伯革命的楷模。1958年，埃及和叙利亚的合并也是这一思想的产物。

（4）宗教特性

1971年永久宪法第2条规定"伊斯兰教是国教"，"伊斯兰教法原则是国家立法的主要来源"。这是埃及宪法奉行宗教主义的基础，宗教特性体现在这部宪法的许多具体内容中。如规定国家对妇女地位的保障，不得违反伊斯兰当局的立法章程；宗教教育是基本的教育科目；社会应重视宗教教育；公民享有进行礼拜和遵守宗教礼仪的自由；国家公职人员就职时要对真主宣誓；等等。宗教主义原则不仅是埃及制宪的一项基本原则，还在埃及的国家意识形态中起到重要的作用，从而深刻地影响着埃及宪政与民主。

（三）穆巴拉克时代的修宪活动

1981 年，萨达特总统遇刺身亡，穆巴拉克继任为总统，埃及进入穆巴拉克时代。埃及在穆巴拉克的领导下，分别于 2005 年和 2007 年两次修宪，这两次修宪活动背景复杂。

从国际层面看，随着 2001 年"9·11"事件的发生，美国的中东政策发生了明显变化，美国推翻了伊拉克萨达姆政权和阿富汗塔利班政权，并在其后主导了这两国的民主政治进程。这对于穆巴拉克时代的埃及来说，也是不小的政治压力，靠近"美国模式"推进埃及的民主政治改革是其修宪的一大外部动因。从国内层面来看，伴随着全球化的浪潮，埃及经济发展停滞，两极分化严重，失业率居高不下，垄断官僚集团却积累了大量的财富，民众对政府日益不满，将矛头更多地指向了以穆巴拉克为首的特权阶层；而埃及的宗教势力借机不断崛起。

一战后的 1928 年，由班纳创立的穆斯林兄弟会（以下简称"穆兄会"）成立，宣告了现代伊斯兰运动的诞生，班纳亦成为伊斯兰复兴运动的理论奠基人之一。此后，穆兄会逐渐成为埃及最有影响力的宗教组织。[1] 在纳赛尔时代，穆兄会的势力被压制；但是在萨达特时代，这一状况发生了改变。萨达特强调埃及的伊斯兰特性、推行伊斯兰化措施、维护国内伊斯

---

① 刘中民：《伊斯兰复兴运动与当代埃及》，《西亚非洲》2000 年第 3 期，第 26 页。

兰势力，以穆兄会为代表的伊斯兰势力得到迅速发展，这加剧了埃及的政治动荡、经济停滞，使其外交进退失据。所有这些因素的共同作用，导致了伊斯兰复兴运动在埃及的高涨。穆巴拉克上台后面对教俗关系的新形势，采取了一种审慎务实、有针对性的宗教政策。一方面，他竭力拉拢伊斯兰势力中的温和派，允许主张非暴力的温和派参与政治；另一方面，他又以强硬手段对付激进派别。但是穆兄会长期以来在埃及深耕基层，以清真寺和宗教慈善机构为主体，触角遍及乡村，有很强的渗透力和动员力，更以合法方式参与政治活动，这就为后穆巴拉克时代的冲突埋下伏笔。

2005 年修宪主要针对宪法第 76 条关于总统选举的规定。修改后，公民可以匿名投票以直选的方式选举产生总统，而且符合条件的政党均可提名总统候选人，并以多于 1 人的差额方式选出总统，这次修宪可视为埃及迈出了民主政治的重要一步。2007 年修宪主要针对宪法第 34 条中关于社会主义的规定，具体内容包括删除埃及阿拉伯社会主义的条款；增强协商会议的立法职能，使得"两院制"名副其实；强调议会对政府的监督；维护多党体制，但是不允许以宗教为基础成立政党；强调公民的平等自由权，不得因公民宗教信仰之不同而区别对待；提高妇女地位，保障妇女权益；打击恐怖主义；等等。这次修宪涉及面较广，且有较强的针对性和现实意义。

（四）后穆巴拉克时代的修宪

2010 年末突尼斯爆发"茉莉花革命"，随即在北非、西亚伊斯兰国家引发连锁反应。在埃及，已持续近 30 年的穆巴拉克时代终结。

2011 年 3 月，埃及以全民公决方式通过了新的宪法修正案，随后又进行了协商会议和人民议会的选举，结果显示穆兄会控制下的"自由与正义党"成为议会第一大党，另一具有伊斯兰色彩的保守政党"光明党"成为第二大党。"自由与正义党"主席穆尔西在 2012 年成为总统。虽然穆兄会在选举中大获全胜，但是他们要面对的国内形势却异常复杂多变。2012 年末，穆尔西颁布新的宪法草案，内容包括在新宪法颁布前和新议会产生前，总统就法案享有最终决定权。这一明显的总统"扩权"内容遭到了反对派的激烈反对，为此国内接连爆发大规模的游行示威活动。此外，宪法草案中再次强调"伊斯兰教法原则是国家立法的主要来源"，这加剧了世俗派与少数非伊斯兰族群对于穆兄会的疑虑与不信任。宪法公投前后，反对派联盟与穆尔西的支持者都举行了针锋相对的大规模集会游行活动。最后，备受争议的宪法草案在全国仅有 32.9% 的投票率，以 63.8% 的赞成票强行通过。这场宪法公投之争折射出埃及各派政治势力的博弈，教俗两派的斗争也反映出埃及的发展道路不甚明朗。以穆尔西为首的穆兄会在取得政权不久、根基未稳之际就贸然抛出宪法公投，招致穆兄会的反对派联盟的激烈应对，可谓不智之举。不仅如此，埃及的司法界及军方更是反穆兄会的主要政治势力，司法界中有不少前政权精英，以反对总统扩权、维护司法独立来与穆兄会抗衡；而埃及军队自纳赛尔时代以来，一直都是这个国家的特别政治存在。军方一直以世俗国家的捍卫者自居，且在国内势力盘根错节，举足轻重。

2013 年 7 月，穆尔西遭到军方罢黜，穆尔西主持制定的宪法也被废止。穆兄会及穆尔西的支持者与过渡政府和军方频繁爆发冲突。同年 10 月 9 日，过渡政府更是宣布解散穆兄会。与此同时，临时总统曼苏尔签署总统令，组成 50 人委员会进行修宪，曼苏尔宣布新宪法公投在 2014 年 1 月 14 日至 15 日举行。与上次穆尔西在位时的宪法公投不同的是，新宪法草案几乎完全排除了以穆兄会为代表的伊斯兰宗教势力的影响，因此受到以穆兄会为主的多个伊斯兰党派的抵制。新宪法主要修改内容包括：撤销议会上院，仅保留人民议会；两院制改回了一院制。新宪法亦强化了对妇女的保护，还规定各政党不得建立在宗教基础上，且不得进行秘密活动或拥有军事、准军事力量。这一规定直接针对穆兄会的"自由与正义党"，将之排除在未来政治进程之外。后来穆兄会更被当局宣布为"恐怖组织"，但穆兄会在埃及仍有不小的影响力，该党派人士公开呼吁民众抵制公投。

这次宪法公投是埃及不到 3 年时间内进行的第 6 次公投和第 3 次修宪投票。一方面，这次公投被视为左右埃及未来政局的关键环节，也意味着埃及民众将决定是否彻底抛弃穆兄会，赋予临时政府以合法地位。另一方面，发动军事政变的军方首脑塞西在公投前夕还暗示自己有竞选总统的可能。因此，此次公投也可视作对塞西的信任投票。伴随着多起暴力冲突，两天的投票结束后，统计显示新宪法支持率高达 98%，远超穆尔西执政时的宪法公投结果。高支持率不能掩盖的尴尬现实是，尽管政府鼓励民众积极参与投票，但全国投票率仅为 38%。在新宪法获得通过的背景下，过渡政府和塞西的支持者正在酝酿着新的政治路线图。在 2014 年举行的议会和总统选举中，过渡政府将选举程序改为先选举总统，再进行议会选举，且还在呼吁提前举行总统大选。塞西随后在 5 月的总统选举中获胜并就任总统。但是这些年的政治乱局造成埃及百业凋敝，民众生活艰难，且穆兄会的大量支持者仍反对军方及其主导的过渡政府，认为其非法取得政权，各教俗族群间亦是撕裂严重，矛盾重重，留给埃及新总统和新议会的问题将会是长期性的。

## 二　婚姻家庭法

20 世纪六七十年代，埃及要求改革个人身份法的呼声日渐高涨。1979 年萨达特总统发布了一道紧急总统法令，其中有三个婚姻家庭法方面的重要内容。

一是规定丈夫娶第二个妻子必须事前通知已有妻子，妻子如不同意，可以向法庭请求离婚。此外，丈夫如向第二个妻子隐瞒已婚事实，后者有权依法解除婚姻。

二是规定丈夫休妻必须有法庭的离婚证明并通知妻子本人；未经同意就无故被休的妻子，除在待婚期应享有的生活费外，还有权得到两年以上的生活费作为补偿。

三是提高了子女监护期的年限以保障离婚妇女的合法权

益，离婚妇女对子女的监护权终止的时间为儿子 10 周岁，女儿 12 周岁。

这些改革内容后来又经过了几番反复才被确定下来。1985年修正案在此基础上又增加了一些新的内容。

一是丈夫同另一名妇女结婚后，先娶的妻子在遭受经常性伤害的情况下有权要求离婚。

二是休妻男子应在离婚 30 天内将离婚证明文件进行登记，其中应附有向妻子提供的明确通知。

三是无故被休的妇女除得到两年的扶养费外，还可得到一定数额的赔偿金。

四是妻子如遇以下几种情形，有权向法官提出离婚：丈夫无故离家超过 1 年时间，使得妻子受到伤害的；丈夫被判处 3 年或 3 年以上徒刑且已在监狱服刑 1 年；丈夫拒绝提供生活费；丈夫患有不治之症或者在性方面有长期疾病的。

1985 年《婚姻家庭法》的一个明显变化就是规定了妻子如果发现丈夫有其他配偶，有权主动提出离婚。但是法律同时又要求妻子必须能够证明此种情形对其确实造成了伤害才能提出离婚，因此事实上妻子的离婚权还是受到了很大限制。埃及于2000 年对 1985 年《婚姻家庭法》进行了修正，妇女在离婚方面被赋予更大的权利。此外法律还规定，审理离婚案件的法官应该在宣布离婚前在夫妻之间进行调解。综上，由于传统伊斯兰法的影响，埃及女性在家庭和社会生活中，还远不能享有同男子一样的权利。

### 三 诉讼及司法制度

#### （一）诉讼制度

埃及的诉讼制度受法国法影响很大，特别是受法国的司法双重体系影响较大。埃及 1875 年颁布了第一部诉讼程序法典，只在混合法院中使用。1883 年国民法院建立，同年埃及颁布了《国民诉讼程序法典》。

1949 年，埃及又颁布了新的诉讼程序法典。这部法典赋予法官在诉讼中更积极的作用，并新建了小额债务支付体系。法典还允许当事人对法院的最终裁决提出异议，只要认为法院的裁决在法律适用和程序上有错误即可。1999 年人民议会对诉讼程序法典进行了重要修改，大大简化了诉讼程序，扩大了一审法院的管辖权。

民事诉讼、刑事诉讼和行政诉讼中都包含一些普遍性的法律原则。

1. 平等原则

1971 年埃及永久宪法第 68 条规定："法律保障每个人都有诉讼的权利。"这个原则意味着公民在法律面前一律平等，法律尊重每一个公民的诉讼权利，这一原则其实也与伊斯兰法暗合。

2. 法律监督

1971 年埃及永久宪法第 68 条规定："法律禁止任何行政机关的活动和决定不受法律的监督和检查。"

3. 司法独立

1971 年埃及永久宪法第 165 条规定："司法权是独立的，由各类和各级法院行使其权力。法院根据法律作出判决。"宪法第 166 条规定："法官是独立的，在行使司法权的时候，法官不受其他权力的支配，只服从法律。""法官除法律之外不受任何其他机构的制约，任何机构不得干涉法院的判决和法律事务。"

（二）司法制度

埃及有双重的司法体系，普通法院和行政法院是分开的，这一体系深受法国法的影响。为保障两个系统各自法律的适用，普通法院设有最高上诉法院，行政法院设有最高行政法院，并由最高宪法法院来处理这两套法院系统间的管辖权异议。

1. 普通法院

普通法院法官的任命、晋升、处分等由最高司法委员会决定。该委员会由总统、司法部部长、最高上诉法院院长等组成，法官享有司法豁免权，如法官因不法行为被举报，则由该委员会处理。

普通法院由民事法院和刑事法院组成。埃及司法体系继承了大陆法系，没有设置陪审团制度。普通法院共有四级，分别是简易法院、初审法院、上诉法院和最高上诉法院。

简易法院在埃及约有 150 所，由 1 名法官独任审理轻微民刑事案件（民事案件标的小于 10000 埃镑，刑事案件属轻微罪）；民事案件中标的少于 5000 埃镑的极轻微案件，其所作出判决是终审判决。

初审法院在埃及约有 20 所，初审法庭由 3 名法官组成，对民事案件，审理标的超过 10000 埃镑的，但也审理包括宣告破产在内的特殊类型案件；在刑事方面，主要审理重罪（监禁或死刑）。初审法院实行两审终审，不服简易法院判决的，可在初审法院上诉。

上诉法院在埃及有 6 所，法庭由 3 名法官组成，受理来自初审法院的民商事案件和涉及私人身份的上诉案件。对于刑事重罪案件，上诉法院在各主要城市实行巡回审判制度，这一做法借鉴了英美法系。

最高上诉法院设在开罗，由 5 名法官组成，分为两个庭：一个审理刑事案件；另一个审理民商事案件和涉及私人身份的案件。最高上诉法院只进行法律审议。经审理有问题的就退回二审法院重审。当事人如对二审法院重审的判决不服还可再上诉至最高上诉法院，最高上诉法院进行法律审查后可直接作出判决，这一判决是终审判决。

2. 行政法院

埃及行政法院体系完全模仿法国模式，于 1946 年成立。行政法院主要受理当事人对于行政部门的行政违法行为要求予以纠正或赔偿的诉讼。它包括三部分：①最高行政法院（又称"国家委员会"），是行政案件的上诉法院；②行政争议法院；③行政法庭，附设于国家各具体行政部门。

3. 最高宪法法院

最高宪法法院于 1969 年成立，是埃及的最高法院，也是埃及的违宪审查机构。永久宪法第 175 条规定，最高宪法法院是"唯一被授权对法律是否符合宪法实行司法监督的机构"，违宪审查包括对法律的合宪性及行政行为的合法性进行的审查，埃及违宪审查的方式属于事后审查，只有当案件在法院审理过程中由当事人申请或法院依职权提起才可以将争议提交给最高宪法法院。这与法国宪法委员会进行事前违宪审查的方式不同，而且一裁终局，对所有个人和组织都有约束力。法院共有 15 名法官，遴选法官人选由最高司法委员会推荐产生，最终由总统批准。判定法律是否违宪须由全体 15 名法官意见一致方可通过，一旦通过就对所有法院均有约束力。除了违宪审查权，该法院还有法律解释权，以及对法院间的管辖权纠纷的裁决权。

4. 特别法院

军事法院包括中央军事法院、高等中央军事法院和最高中央军事法院。

国家安全法院包括简易国家安全法院和高等国家安全法院。

青少年法院根据 1974 年《青少年法》设定，每个省府至少设一个，由 1 名法官和 2 名司法人员组成，要求至少有 1 名女性成员。

# 第四节　沙特阿拉伯

阿拉伯半岛是伊斯兰教的发源地，宗教势力强大，也是传统伊斯兰法的核心区。沙特更是尊奉瓦哈比教义，将罕百里派法学作为国家法律制度的基础。随着石油工业的迅猛发展，为适应不断变化的新情况，自 20 世纪二三十年代，沙特也开始进行法律改革。1937 年，沙特以《奥斯曼商法典》为蓝本制定颁布了《商务条例》，该法以现代西方商法的形式来调整商事关系①，但删除了其中有关利息的规定以符合《古兰经》中的利息禁令。随后沙特又建立了与该条例相适应的商事法院，此后一些商事惯例的适用更是实现了对传统伊斯兰法的突破。

## 一 三大法案的出台

20 世纪 70 年代后，沙特国内的社会经济结构发生了很大的变化，新兴阶层要求推进包括民主政治改革在内的各项改革，以宗教阶层为代表的保守势力对此则抱着排斥的态度，要求确立伊斯兰教、伊斯兰法的绝对统治地位。双方诉求相左，处处针锋相对，对王国构成巨大压力。在此背景下，1992 年沙特通过了《政府基本法》、《协商会议法》与《省组织法》这三大法案，迈出了沙特政治改革的重要一步。

沙特王国没有制定过宪法，《政府基本法》包括国家的政体、国家权力、经济原则以及公民的权利义务等内容，实际上

---

① 马明贤：《沙特阿拉伯王国的法制现代化》，《西亚非洲》2008 年第 6 期，第 26 页。

起到了宪法的作用。① 这部法律明确了沙特是一个君主制的阿拉伯伊斯兰国家,《古兰经》与"圣训"是两大法律渊源,法律着重强调要捍卫伊斯兰教与伊斯兰法,同时这也是每一个公民的基本义务;公民在沙里亚原则下享有公民权利,法官也是在沙里亚原则下裁判案件。《协商会议法》是关于协商会议的法律文件。国家成立协商会议,成员由国王任命,2005年后协商会议成员增至150人,会议可对涉及国家政治、经济及法律的大政方针发表意见。《省组织法》适用于王国各省,规范了省一级的行政管理。三大法案以法律的形式重申了沙特这个伊斯兰君主制国家的特性。王权与神权在沙特长期维持着微妙的同盟关系,二者相互依存,这次的改革既体现了对新兴阶层权利诉求的呼应,又凸显了伊斯兰教作为国教不可动摇的地位。其预示着,今后王国的改革之路也应是在这二者之间寻求平衡的渐进式变革。②

## 二 商法

### (一)外商投资法

经过12年的漫长谈判,沙特于2005年12月加入了世界贸易组织(WTO)。此前,为适应国内国际的新形势,沙特政

---

① 转引自林松业《从"三大法案"到"国民对话"——兼论后冷战时代沙特阿拉伯的政治变革》,《西亚非洲》2010年第12期,第51页。

② 林松业:《从"三大法案"到"国民对话"——兼论后冷战时代沙特阿拉伯的政治变革》,《西亚非洲》2010年第12期,第52页。

府于 2000 年 4 月就已正式通过新的《外商投资法》，2002 年又出台了《外资法实施条例》，此外还设立沙特投资总局，致力于简化外商投资的手续，有效吸引外资。沙特后来还颁布了《诉讼法》，总计 142 条。《诉讼法》是沙特重要的程序法，规定了立案、卷宗、听审、质询、缺席、出庭、结案、免诉、限期执行、授权、律师等内容。

《外商投资法》有如下新变化。

1. 给予外国投资以国民待遇

在沙特被批准的外国项目享受本国项目待遇，外国投资者在其所拥有的位于沙特的不动产进行被批准的投资活动亦享有国民待遇。不限制外资的所有权，但也不给外资所有权任何鼓励和优惠。

2. 简化投资程序

投资总局要在申请营业执照的文件齐全之日起 30 天内批准投资申请，保障投资者的权益，在一个月内办完手续。

3. 完善征收

只有为了公共利益才可征收，才可通过司法判决没收外国投资者的投资项目，同时需要向投资者支付合理的补偿。

4. 保护知识产权

外资所涵盖的内容，除了现金、有价证券、机械设备以外，还有包括知识产权在内的无形财产。新法加大了对知识产权的保护力度，投资人的知识产权受到侵害时，可通过法律途径寻求帮助。

5. 解决争端

外国投资者有权诉诸司法解决他们同当地合伙人或政府的投资争端。

从上述投资法的改变中可以发现，沙特在法律方面给予外国投资者越来越多的优惠，法律保障也越来越规范。

（二）税法

在沙特，任何公司、企业每年都必须缴纳所得税或宗教税，并获取完税证明。天课税是基于宗教原因而设立的税种，是对海湾阿拉伯国家合作委员会成员国公民征收的伊斯兰宗教税，税率一般为 2.5%。对于外国公司或个人，只缴纳经营利润所得税，不缴天课税。

1. 公司税

对于外国与沙特或其他海湾国家公民共同投资的企业，沙特税务总局向外方股份所得利润部分征收所得税，对沙特方或海湾国家公民股份所得利润部分则征收宗教税。企业所得税税率通常为 20%。在天然气领域投资的企业的所得税税率为 30%。在石油和石化领域投资的企业，其所得税税率为 85%。

2. 所得税

沙特对本国或其他海湾国家的公民不征收所得税，只征收 2.5%的宗教税，沙特国家税务局对外国公司和个人征收所得税，税务机关将外国人的所得税从 45%降到最低点 30%，国家承担外国投资者税务的差额。同时沙特还允许外国投资者无限期地转移亏损，从以后各年的盈利中任意扣除，且不影响他们的财务和生产规划。

3. 关税

沙特进口分为临时进口和永久进口两种，临时进口须预交设备估价 5% 的关税抵押保函或现金，待出口后再返还，标准关税为 5%。

4. 天然气投资税

5. 预提税

（三）资本市场法

2003 年 7 月，沙特政府通过《资本市场法》，成立沙特阿拉伯证券交易所和资本市场局以监管证券市场，确保资本市场的"公平、透明和有效"。此外，上述机构还可以为银行业提供更多的市场机会，使其转向多元化的市场经营。首先开放的对象就是海湾阿拉伯国家合作委员会的银行业，包括巴林的海湾国际银行、迪拜的国际银行和科威特的国际银行等。

（四）保险法

2003 年，沙特通过《合作保险控制法》，开放部分领域给外国资本。根据该法，外国资本必须按照沙里亚法的理念来运作保险，不得以其他商业形式，而只能以合作性质运作保险，参保者同时也是合作保险组织的股东。通过此种方式沙特巧妙地规避了伊斯兰法的利息禁令。

（五）公司法

1965 年出台的《沙特公司法》允许多种公司结构的存在，合资企业多采用有限责任合伙的形式进行经营。1979 年的投资法主要鼓励外国投资以及与当地企业联合组成合资企业。虽然沙特也允许外资以独资公司形式存在，但是条件苛刻，独资公司受到十分严格的审查和当地化要求的限制。不仅如此，沙特还对外方经营利润征收高达 45% 的税，还要求外方必须雇用沙特人和拥有至少一位沙特籍合作伙伴。2000 年的新外资法允许设立的外商独资企业，不再有当地出资比例的要求，但仍有当地雇员的比例要求（不得低于 25%）。

（六）知识产权法

2003～2005 年沙特通过了《版权法》《商标法》《专利法》及其实施条例。此外，沙特还是世界知识产权组织、《保护工业产权巴黎公约》、《世界版权公约》，以及《保护文学和艺术作品伯尔尼公约》成员。

（七）商事争端解决机制

司法部申诉委员会对与政府和商业有关的纠纷有管辖权。劳动部下属的劳动纠纷委员会对劳动争议有管辖权，商业票据委员会下属的税务委员会对票据纠纷有管辖权。财政部对与信用证和支票有关的纠纷有管辖权，而沙特货币局下属的银行纠纷委员会对银行与其客户的纠纷有管辖权。

2005 年沙特组建成立了沙特国际仲裁委员会。2007 年沙特政府宣布，王国的各省都设立了地区仲裁中心，以处理日益增多的商业纠纷。如果问题在有关委员会得不到解决，可提交到沙特国际仲裁中心寻求解决，且沙特是《承认与执行外国仲裁裁决公约》（即《纽约公约》）的缔约方，取得公约成员

的仲裁裁决后可向沙特法院申请并要求执行裁决，除非该裁决被认为违反伊斯兰法。

## 三 劳动法

沙特新的劳动法颁布于 2005 年。新劳动法对沙特企业雇用劳工作了详细的规定，宗旨是以沙特员工来取代外籍员工，鼓励沙特人就业，减轻国民的就业压力。劳动部是劳动事务主管部门，负责劳动监察。

新法参照海湾阿拉伯国家合作委员会和 WTO 的有关规定，加大对劳工利益的保护。新劳工法新增的主要内容有：企业无论大小，必须雇用一定比例的沙特人及残障员工；增加雇佣工人的带薪年假，同时将解雇费计入基本工资，员工可享受企业一定比例的生产或销售利润。

## 四 司法制度

总体而言，沙特的司法体系包括伊斯兰法院与世俗司法机构。伊斯兰法院主要受理与穆斯林人身密切相关的婚姻、家庭、继承等案件，依照伊斯兰法进行裁决；世俗司法机构主要是指一些专门的委员会，审理诸如劳动争议、票据纠纷、商贸纠纷、海事纠纷等案件，后者解决的都是伊斯兰法没有明确规定的法律关系。

# 第五章　20世纪中东伊斯兰国家 法律变革的反思

土耳其、埃及、伊朗、沙特四国在 20 世纪中东伊斯兰国家的法律变革中十分具有代表性。面对西方的船坚炮利以及裹挟而来的强势法律文化，四国均不同程度地选择移植西方法，并由此走上不同的法律变革之路。

## 第一节　中东伊斯兰国家的法律移植

### 一　法律移植概述

#### （一）法律移植的概念

法律移植通常是指一个国家对其他国家法律制度的吸收和借鉴。在鉴别、认同、调适、整合的基础上引进、吸收、采纳、摄取、同化外国的法律（包括法律概念、技术、规范、原则、制度和法律观念等），使之成为本国法律体系的有机组成部分。法律移植的对象有两种，一是外国的法律，二是国际通行法律和国际惯例。①

法律移植在不同法律文化中普遍发生有其必然性。

第一，社会发展和法的发展的不平衡性决定了法律移植的必然性，较为落后的国家为促进社会的发展，有移植先进国家的某些法律的客观需求。

第二，市场经济的客观规律和属性决定了法律移植的必然性，市场经济要求冲破地域的限制，使国内市场与国际市场一体化，经济发展的国际化、全球化也使得移植国际通行的法律规则成为必然，特别是在世界各国趋同性极强的商法规范背景下，一些国家更是有法律移植的需求。

第三，法制现代化既是现代化的基本内容之一也是现代化的重要动力，而法律移植则是法制现代化的过程和途径，因此法律移植也是法制现代化乃至整体现代化的必然需要。

（二）法律移植的模式

法律移植的模式基于不同的标准可以划分为以下几种。

1. 基于移植的主体不同，可划分为自治模式、殖民模式和综合模式

自治模式是指基于移植受体的自觉自愿，几乎没有任何外力的作用而进行的法律移植。最为典型的自治模式就是欧洲各

————————

① 张文显主编《法理学》，高等教育出版社，2003，第197页。

国对罗马法的移植。罗马法虽然是古罗马帝国时期的法律，但它是"以私有制为基础的法律的最完备形式"①，是"商品生产者社会的第一个世界性法律"②。因此在中世纪，欧洲掀起轰轰烈烈的罗马法复兴运动，罗马法被西欧诸国从法律概念、原则及制度等方面全面移植。

殖民模式是指殖民扩张过程中由殖民者强加给殖民地的法律移植模式。③ 此种模式在亚非拉第三世界国家中尤为常见，这些国家被西方殖民者占领控制，大多被迫给予殖民者治外法权，其宗主国的法律也被强加给殖民地。

中东伊斯兰国家的法律移植模式各有不同，在此种分类中土耳其近乎自治模式，而埃及与伊朗是综合模式。

2. 基于移植的目的不同，可划分为替代模式、补充模式与重叠模式

替代模式是指以外来法律替代本土法律的移植模式。替代模式还可分为部分替代与全面替代。全面替代模式是由外来法完全取代本土法律的移植模式，移植风险极大，因此大多数国家在实践中都选择了部分替代模式，通过移植外来法替代本土法律的某些部分或某个部门法，如 1926 年《土耳其民法典》就直接移植了 1907 年《瑞士民法典》的绝大部分内容。

---

① 《马克思恩格斯选集》（第三卷），人民出版社，1972，第 143 页。

② 《马克思恩格斯选集》（第四卷），人民出版社，1972，第 248 页。

③ 黄金兰：《法律移植研究——法律文化的视角》，山东人民出版社，2010，第 92 页。

补充模式是指通过移植外来法以弥补本土法不足的一种模式。通常在此种模式下，之所以引入外来法是因为本土法律中没有相关的制度或制度很不完善。这种模式在中东伊斯兰国家中很常见，传统的伊斯兰法中缺失与现代社会状况相匹配的许多法律制度，特别是在商事领域。因此，可以看到四国中对西方法态度最为保守审慎的沙特也引入了诸如公司法、劳动法、保险法等西方商事法律。

重叠模式是指外来法律与本土法律并存，相互重叠，二者共同发挥法律效力的移植模式。具体包括两种情况，一种是外来法的效力高于本土法，通常是指主权国家对国际法的移植，如除伊朗外，沙特、埃及、土耳其三国皆是世贸组织成员，这三国必须遵守世贸规则，其他国际条约亦是如此，国际法效力要高于国内法律；另一种是外来法与本土法的效力相同，如在一些中东伊斯兰国家，世俗法与伊斯兰教法同时存在，二者分工明确，伊斯兰法用来调整《古兰经》有明确规定的与穆斯林人身密切相关的部分，如婚姻家庭等内容，其他则由世俗法律调整，而这些世俗法大多移植的是西方法。

3. 基于移植方向的不同，可划分为单项模式与双向模式

单项模式是指在特定的历史时期一国只是移植外来法律或输出本国法律。双向模式是指在特定的历史时期，一国在移植外来法的同时也在输出自己的法律。20 世纪中东伊斯兰国家的法律移植很明显都是单项的移植模式，即单方面移植西方法模式。

## 二 中东伊斯兰国家法律移植的特点——共性与个性

一方面，土耳其、埃及、伊朗与沙特四国移植西方法有一个共性，那就是它们移植的都是大陆法系的成文法。土耳其、埃及、伊朗三国都曾被欧洲列强占领过，因此，它们对以法国法、德国法为代表的大陆法系较为熟悉。另一方面，大陆法系以成文法为主要的法律渊源，较之英美的判例法体系容易学习借鉴，而且操作性也强，这些可能就是四国选择移植大陆法系的原因。此外，四国都面临伊斯兰法已不能够适应时代发展的共同问题，那些适用伊斯兰法的土壤也早已发生了变化，因此移植西方法成为四国的共同选择，不过四国在移植西方法时又有各自的特点。

### （一）移植背景

土耳其、埃及、伊朗与沙特四国移植西方法的背景各不相同。土耳其移植西方法最为积极主动，1924年凯末尔建立共和国，以脱亚入欧为目标，推动全面的世俗化改革，全盘引入西方法，制定了共和国宪法，在民商法、刑法领域几乎完全照搬西方法。在20世纪后半叶土耳其又积极谋求加入欧盟，并为此大规模立法，制定了新的民法典和刑法典，旨在提高妇女地位、贯彻男女平等原则，还废除了死刑以期达到欧盟的人权标准。

沙特宗教势力强大，在20世纪中后期才开始少量引入西方商事法律。由于石油工业的迅速发展，外籍劳工不断涌入，沙特为此借鉴西方法有针对性地制定了法律，颁布了诸如外商投资法、劳动法、税法、公司法等一批新法。

埃及与伊朗都曾被西方列强占领过，列强认为伊斯兰法"不文明"，于是在两国强行行使领事裁判权，致使两国司法主权沦丧，因此最初两国法律变革的主要动因就是移植西方法来改造伊斯兰法以消除列强的司法特权。

（二）移植路径

在这四国中，土耳其、埃及、伊朗在 20 世纪初学习西方法律的步伐较快。特别是土耳其于 1924 年在凯末尔的带领下建立了共和国，以脱亚入欧为目标，全盘照搬西方法，废除了伊斯兰教的国教地位，第一次在伊斯兰国家实现了政教分离。在四国中，土耳其的法律改革走得最远，也最为彻底。早在土耳其共和国成立伊始，土耳其就颁布了成文宪法，以凯末尔主义为宪法的核心原则，以民族而非宗教来重新定义自己，"在伊斯兰教被'清除'的地方，他们又用民族的文化和符号填充之，并使对民族的崇拜在一定程度上抵消、排挤了传统宗教对神的崇拜，凯末尔主义成为新的'宗教'——'公民宗教'"。"在文化与制度安排上，伊斯兰教被剥去了所有的社会功能，被置于国家的严密控制之下。"① 这是土耳其现代化道路与其他三国最大的不同。在民商法领

---

① 昝涛：《现代国家与民族建构：20 世纪前期土耳其民族主义研究》，生活·读书·新知三联书店，2011，第 336 页。

域，土耳其采取民商分立体系，直接移植大陆法系中的《瑞士民法典》与《瑞士商法典》。此次立法没有回避与伊斯兰法关系密切的人身权问题，将其与财产权一并纳入民法典中。该民法典虽在婚龄及女性权利上有所保留，但是一夫一妻制、男女均可提出离婚的规定相较于传统伊斯兰法的一夫可娶四妻及丈夫可以单方面休妻而言，已是极大的变革。刑法典废除了诸如通奸等《古兰经》中的罪名及刑罚。在司法制度层面，土耳其也废除了教法法院的司法职能。

与土耳其几乎照搬西方法进行法律变革的模式不同，埃及选择了一条折中的变革模式，努力在西方法与伊斯兰法之间进行调和，尽量引入那些不与伊斯兰教法规则相冲突的内容。埃及在1971年永久宪法中规定"伊斯兰教是国教"，"伊斯兰教法原则是国家立法的主要来源"，宗教主义原则是埃及宪法的重要特征。在民商法领域，1948年《埃及民法典》亦认可伊斯兰法是民法渊源之一，无成文法和习惯法时，可适用伊斯兰法。但该民法典又是以《法国民法典》为蓝本制定的，同时又受到了《德国民法典》的强烈影响。在内容上法典突破了传统的伊斯兰法，并在此基础上有所创新，例如废弃伊斯兰法的利息禁令，确立有息贷款，还新增了保险合同等与传统伊斯兰法相悖的内容。有别于《土耳其民法典》的是，《埃及民法典》将人身与财产分别立法，因此1948年《埃及民法典》中没有关于婚姻、家庭和继承的内容，只规定了财产权内容，人身权由单行法调整，成文法未有规定的，直接依据哈乃斐派的教法处理。在调整婚姻家庭继承关系的单行法中，妻子享有附条件的离婚请求权，丈夫可娶第二位妻子，但是必须提前告知先娶的妻子，对后娶的妻子也不得隐瞒真实的婚姻状况，否则对方可要求依法解除婚姻。总之，埃及女性在法律上还未享有与男性一样的权利。但相较于伊斯兰法占主导地位的时代，女性地位在法律变革中还是有所提高。在制定刑法典时亦是如此，《埃及刑法典》虽以《意大利刑法典》为蓝本，但规定通奸、堕胎与赌博等均属犯罪，只是刑罚较轻，且被指控的通奸妇女如取得丈夫谅解亦可不予追究刑事责任。

至于伊朗的法律变革之路，可谓一波三折。早先巴列维王朝的礼萨·汗国王也效仿土耳其的凯末尔对伊朗进行了大规模的去宗教化改革，建立了中央集权体制，加强民族认同。与土耳其有所不同的是，伊朗是一个比较特殊的中东伊斯兰国家，伊朗的主体民族是波斯民族，且大多国民属什叶派穆斯林①。伊朗的什叶派势力强大，因此，伊朗的世俗化改革没有土耳其那么彻底。早在 1906 年伊朗就以《比利时宪法》为蓝本制定了宪法。这部宪法虽然确立了三权分立的君主立宪制政体，但是同时还规定伊斯兰教什叶派为伊朗国教，宗教领袖可以审查立法是否合乎教法。在民商法领域，受到大陆法系与伊斯兰法的共同影响，伊朗在财产法部分直接移植了《法国民法典》的内容，在人身法部分则受伊斯兰什叶派教义影响大。因此根

---

① 中东大多数伊斯兰国家的主体民族是阿拉伯民族，信奉逊尼派教义。

据伊朗民法的规定，在伊朗家庭，丈夫享有家长特权地位。伊朗的法定婚龄也偏低（女子不得低于 13 周岁），男子可以娶第二位妻子，但须明确告知对方自己的婚姻状况且须获得法院同意，可见法律对于男子娶第二位妻子有所限制。妻子可将婚前约定作为请求离婚的依据，法院也可酌情综合考量离婚理由。巴列维王朝的第二位国王穆罕默德·礼萨·巴列维继续西化的改革之路，提高女性地位，促进妇女就业，赋予女性以平等的选举权，还颁布了《保护家庭法》来限制男子多妻及任意休妻。

1979 年伊朗爆发了霍梅尼领导的伊斯兰革命，以西化、世俗化为内核的法律变革之路被打断。伊斯兰法随之全面复兴。革命后颁布的新宪法使得伊朗完全建立在伊斯兰教法的基础上，在整个中东伊斯兰国家中确立了独一无二的教法学家治国模式。整部宪法以宗教领袖及其控制下的宪监会为核心。伊朗人的社会生活也全面伊斯兰化。在刑法领域，革命前早已取消的经定刑被再次采用。通奸成为重罪，处以鞭刑，情节严重者被处以死刑（石刑），盗窃者也被处以断手刑，饮酒者则要受到鞭刑。此外，伊朗刑法还增加了对同性恋的处罚，对同性恋者处以鞭刑直至死刑；对拉皮条者也处以鞭刑，如犯诬告通奸罪，亦是鞭刑。女子着装不当的也会被处以罚金、监禁及鞭刑。

沙特在四国当中，对待西方法律制度与文化最为保守与审慎，一直以来都是伊斯兰法罕百里学派占主导地位。然而，随着石油工业的发展，在商事领域，沙特也引入不少现代西方法律制度。

土耳其、埃及、伊朗及沙特这四国的法律移植模式体现了中东伊斯兰国家法律变革的三种基本路径。第一种是以土耳其法律移植模式为代表的全盘西化之路；第二种是以埃及和伊朗法律移植模式为代表的在西方法与伊斯兰法之间取平衡的折中之路；第三种是以沙特法律移植模式为代表的坚守伊斯兰法之路。当然伊朗的情况要更复杂一些，其前期积极引入西方法，后期又成为伊斯兰法复兴的急先锋。在今天的中东伊斯兰国家中，选择第一和第三种道路的国家并不多，大多数国家都选择了第二种道路。

（三）移植程度

如果就四国移植西方法的程度来进行整体分析的话，无疑土耳其的法律移植程度最深。土耳其最早颁布宪法，废除伊斯兰教的国教地位，实行政教分离。在民商法领域，土耳其全盘照搬西方法，只依国情做了少许保留。特别是在伊斯兰法的核心区——婚姻家庭法领域，土耳其第一次以民法典的形式确立一夫一妻制并给予妻子以离婚权利，大大提高了女性在社会和家庭中的地位，这是土耳其法律变革的一次重要突破。此外，土耳其在刑法典中还全面取消了经定刑。

移植程度最低的要数沙特。沙特处于整个中东伊斯兰世界的中心，宗教势力强大。沙特上下信奉严格的瓦哈比教义，遵循保守的罕百里派教法。20 世纪后期，伴随石油工业的发展，沙特才少量引入西方法，而且主要集中在商事法规领域，大多以商事单行法的形式制定颁布。因此20世纪后期兴起的伊斯兰法复兴运动对沙特而言影响较小，沙特基本上不存在复兴伊斯兰法的问题，继续坚守伊斯兰法是沙特的选择。

埃及和伊朗移植西方法的程度介乎土耳其和沙特之间，这两国在20世纪初期开始移植西方法，相继颁布成文宪法，立法、行政、司法三权分立，但是宗教在国家的政治社会生活中一直占据一席之地。宗教与政治、宗教与法律间的界限没有土耳其那么清晰。在民商法领域，《埃及民法典》没有调整婚姻家庭继承的内容，这部分内容更贴近伊斯兰核心教义。后来埃及参照哈乃斐和马立克学说单独立法，女性拥有有限的离婚请求权，以及孙子女可以代位继承亡父遗产份额等内容，都是对传统伊斯兰法的突破。在刑法部分，《埃及刑法典》整体上已西方化，虽有通奸、堕胎、赌博等罪名，但刑罚普遍较轻。

伊朗移植西方法的变革在20世纪早期与晚期发生巨大变化，早期与埃及类似，民法典西方化，财产法大量移植了西方法内容，而在人身法部分以及后来作为这一部分补充的《家庭保护法》又受到伊斯兰法的影响。女性可在婚前约定离婚事由，男子可娶第二位妻子，但须如实告知对方并由法院裁定许可。1979年伊斯兰革命后，法律改革开始走"回头路"，伊朗废弃引入的西方法，伊斯兰法全面复兴。伊朗颁布的新宪法完全以伊斯兰教法为准则，教法学家治国，国家全面伊斯兰化。特别是在刑法领域，《伊朗刑法典》全面恢复经定刑犯罪，盗窃、诬告、通奸等都是重罪，违法者将被施以肉刑乃至死刑。饮酒、着装不当等亦受严厉惩罚。在经定刑的基础上，依据伊斯兰法精神，《伊朗刑法典》又将同性恋列为重罪，并处以死刑。但是在距伊斯兰核心教义较远的商法领域，伊朗又制定、颁布大量取自西方法的商事法律。

### （四）移植方式

由于伊斯兰法的特殊性，经训不悖原则使得各国的法律变革之路十分困难。因此，各国对西方法的移植只能在不违背《古兰经》、"圣训"的基础上进行。移植的西方法内容如果在经训当中没有规定或与经训不抵触，那么法律移植就会比较容易。如前所述，商法距离伊斯兰核心教义远，经训中很少涉及，而在经济发展中又急需引进，因此，四国移植商法最为迅速且很少遭到穆斯林抵触，哪怕是最为保守的沙特也移植过许多西方的商事法律，民法中的财产法部分也是如此。移植最为困难的部分是同穆斯林人身密切联系的婚姻家庭继承部分，这部分内容经训有明确规定，且已与伊斯兰教义合为一体，内化为穆斯林的生活准则。

如何对待这部分法律，四国做法各不相同。土耳其在法律西化道路上走得最远，因此家庭法部分也几乎全盘接受西方法。埃及则对婚姻家庭法进行了本土化改造，要求丈夫娶第二位妻子时须通知先娶的妻子，并不得向后娶的妻子隐瞒他的婚姻状况，先娶的妻子如不同意或在婚后遭受伤害，可要求离婚。埃及在家庭法中赋予妻子附条件的离婚权利，在继承法中还突破传统伊斯兰法规定，赋予孙子女以代位继承权。伊朗对待多妻制与埃及类似，法律规定妻子在结婚前可约定离婚事项，且丈夫娶第二位妻子须经法院许可。沙特对家庭法几乎没有任何改革，完全以罕百里教派规则为准。

至于宪法领域，对于政教分离、三权分立、公民平权等内容，四国规定亦有所不同。土耳其最早实现政教分离、三权分立、男女平等，并逐渐迈向民主政治。埃及宪法则一直强调伊斯兰教作为国教的地位，立法、行政、司法三权分立，公民享有权利自由。伊朗在伊斯兰革命前一直在各方面压缩宗教势力对国家的控制，建立世俗法院，发展教育，赋予女性以选举权，但在革命后，伊斯兰什叶派掌握国家权力，以霍梅尼为首的宗教领袖及宪法监护委员会成为权力核心。即便如此，伊朗法律也不可能完全摆脱西方法的影响，因此在革命后颁布的宪法里亦有西方宪法的分权等内容。沙特一直未制定宪法，《古兰经》充当着宪法的作用，不过近年来也颁布了《政府基本法》等宪法性法律，内容包括政体、权力分配、公民权利等。

至于刑法领域，争议最大的就是包括通奸、诬告通奸、盗窃、饮酒、叛教在内的经定刑犯罪。《土耳其刑法典》已完全废除经定刑，而《埃及刑法典》总体上也已西化，虽然还保留了对通奸、堕胎、赌博等的惩罚，但是惩罚整体较轻，

155

以罚金、拘役为主，已婚妇女通奸如经丈夫谅解，也可不处罚。伊朗的情况较为特殊，1979 年伊斯兰革命前伊朗已取消了经定刑，但是革命后就全面恢复了，而且对经定刑犯罪都判以重刑，轻则肉刑，重则死刑，对盗窃恢复断手刑，对通奸最高处以石刑，对饮酒、诬告通奸、拉皮条甚至着装不当也处以鞭刑。在《古兰经》的基础上，《伊朗刑法典》还规定对同性恋可处死刑。在日常生活中男女完全区隔开，与革命前迥然不同。沙特刑法则一直没有任何变革，严格遵循经训规定。

对于经训中的一夫四妻、塔拉克休妻制及经定刑等内容，如果说在穆罕默德时代的阿拉伯半岛，经训的这些规定有其合理性的话，那么到了今天时移世易，这些法律也再没有实施它们的政治、经济和社会基础，法律也应与时俱进。若在今天还是支持多妻制就会造成严重的家庭和社会问题，导致男女地位的不平等。在刑法领域，经定刑充斥着大量的肉刑等非人道刑罚，也不符合今天世界犯罪轻刑化的潮流，严重侵犯人权。至于宪政改革更是有其必要，穆斯林早期的公社制度适合当时的半岛，但是今天国家承担的职能众多，尤其需要宪政制度发挥整合国家社会的力量。

在移植西方法的具体方式上，由于经训无法更改，包括教法学家在内的立法者们创造性地运用经训的规则来创制新的法律。早期的伊斯兰法就是通过类比、公议等方式来创制新法的，法学家们根据自己对创制法律方法的不同理解形成了四大教法学派。通过援引先例，立法者们开始选择性地重新解释这些教法规则，使其能够符合现代社会的需求。如前所述，早期移植西方法的《奥斯曼民法典》（《马雅拉》）就是在对哈乃斐派教法规则进行选择的基础上汇编而成的。[①] 而埃及民法的家庭法部分则是综合采纳了哈乃斐派和马立克派的学说中有利于保护女性利益的部分。再如《古兰经》虽允许男子最多娶四妻，但是也须具备两个前提条件，即丈夫要有一定的经济能力以及要能公平地对待各位妻子，对这一规定，传统伊斯兰法学家认为那只是一种劝诫性的道德约束，并非法律上的强制规定，但是后来多国将其解释为一种法律限制。例如《伊朗民法典》就规定男子要经法院许可，才能迎娶第二位妻子，而且埃及与伊朗民法都要求娶第二位妻子时，需告知先娶妻子，对后娶妻子也不得隐瞒其已结过婚的事实，先娶妻子如不同意，可直接请求离婚。突尼斯1956年颁行的《个人身份法》则直接不允许多妻。对《古兰经》的多妻条件，法律将之解释为"首先，某些制度如奴隶制和一夫多妻制尽管在人类社会发展的早期阶段是可以理解的，但这并不符合当今文明开化的良知；其次，实行多妻制的前提，是丈夫能够公正无私地对待诸位妻子，但纵观历史，除先知外无人能

---

① 王云霞：《东方法律改革比较研究》，中国人民大学出版社，2002，第177页。

够做到"①。就连四大教法学派中最为保守的罕百里派也认为，伊斯兰法虽然允许多妻，但这不是强制的，如果一个穆斯林同意放弃这一权利，基于"穆斯林受其约定约束"这一原则，他就此作出的约定就是有效的。②

## 三 影响中东国家法律移植的因素

法律移植的效果如何往往取决于诸多因素，其中包括经济、政治、民族、地理、社会、宗教等。③

### 1. 经济因素

在商事法律的移植上，经济因素的作用尤为明显。商事活动本身就具有超越国界的特性，商事规则又大都来源于商事习惯，因此各国商事立法较为类似，明显具有趋同性。20 世纪以来中东伊斯兰国家参与跨国间商贸往来日趋频繁，而传统的伊斯兰法对此无能为力。传统伊斯兰法体系重义务轻权利，诸法合体，公私法不分，私法内容也多限于规范穆斯林言行及家庭法范畴，缺乏管理现代经济活动所需要的基本制度，因此中东伊斯兰国家最早移植的西方法律就是商事规则。就如 1850 年奥斯曼帝国在"坦志麦特"改革中率先颁布《奥斯曼商法

---

① Noman Anderson, *Law Reform in the Muslim World*, London：Athlone Press，1976，p. 63.

② 吴云贵：《伊斯兰教法概略》，中国社会科学出版社，1993，第 88～287 页。

③ 冯卓慧：《法律移植问题探讨》，《法律科学》（西北政法学院学报）2001年第 2 期，第 19 页。

典》，法典直接移植《法国商法典》，并确认利息的合法性，这是对传统伊斯兰法的一大突破。四国中对吸收西方法最为保守的沙特也采纳西方法中的许多商事规则，这也体现出法律必须与时俱进才能发挥其应有的作用。

近现代以来国家间经济交往日益密切，各国为了促进本国的贸易发展开始更多地吸收国际贸易规则。比如在上述四国中，除伊朗外，其余三国皆是世界贸易组织成员，因此世贸规则也是对三国有约束力的法律。除此之外，四国加入的国际公约、条约等也是四国法律的重要组成部分。

2. 政治因素

许多中东伊斯兰国家都曾被西方国家占领过，有的国家甚至还沦为西方国家的殖民地。在被占领期间，宗主国将它们的各种制度、文化强行输入，殖民地被占领控制的时间越长，殖民地的法律体系就越难以摆脱宗主国的影响。如四国中埃及于1798年被法国占领，法国法随之被输入埃及，因此后来埃及法律体系整体偏向大陆法系，受法国法影响较大。

3. 地理因素

四国在移植西方法时的种种差异固然有其历史、政治原因，但是各国所处的地理位置也是其背后不容忽视的因素。比如沙特位于伊斯兰教的核心区，是麦加、麦地那两大圣城所在地，宗教势力强大，因此沙特对引入西方法态度保守，做法审慎，而其余三国均距离伊斯兰教核心区较远，法律变革的包袱相对较轻。特别是土耳其横跨亚欧大陆，受欧洲文明影响大，20 世纪以来又以脱亚入欧为目标，国内宗教势力较弱，所以移植西方法最为积极彻底。埃及和伊朗一直以来对自己的国家定位都是地区性大国，伊斯兰教仍是国教，因此两国在移植西方法时都对伊斯兰法进行了一定程度的保留。

4. 社会因素

法律变革往往是经济与政治因素共同作用的结果。经济、政治因素的变化使得社会也发生巨变。封闭的经济结构被打破，旧的政治制度遭受挑战，人们的思想也随之产生变化。这种变化反过来又对政治与经济产生反作用力，这种新旧观念的冲击与拉锯战是影响移植法律落地生根的重要因素。

5. 宗教因素

伊斯兰法本身就是宗教法，法与宗教密不可分，因此宗教因素是法律移植中至关重要的因素。在四国中，除了土耳其很早就实行政教分离外，其余三国均以伊斯兰教为国教。伊斯兰教与伊斯兰法的独尊性与神圣性，使得在中东伊斯兰国家的法律移植较其他国家与地区更为艰难。为了避免移植后的新法遭遇到大的抵抗，法律移植只能尽量避开伊斯兰核心教义教法地带，其中婚姻家庭法就是传统伊斯兰法的堡垒。因此，除土耳其外，其他三国的法律仍以伊斯兰法为立法的最高准则。典型如三国民法都是将人身与财产关系分开来立法，调整财产关系的部分大多移植西方法，而涉及人身关系的部分仍由伊斯兰法调整。

# 第二节　伊斯兰法的复兴

近代以来，许多中东伊斯兰国家都经历了一场包括法律现代化在内的现代化浪潮。这些国家大都将西方国家的法律制度作为学习和模仿的对象，其中的典型代表就是土耳其和埃及，这两个国家颁布了一系列现代意义上的法典。一时之间，以土耳其和埃及的法律变革为代表的这场本土法律现代化的运动几乎波及了当时所有主要的伊斯兰国家。毋庸置疑，这些国家的法律制度都在不同程度上吸收了西方法律的元素，改变了传统上以伊斯兰法为主体的法律格局。这成为当时中东国家法律现代化改革的主旋律。但是20世纪60年代以来，伊斯兰世界的法律改革出现一种不同于以往的独特现象，那就是一些国家宣布废除原有的借鉴西方的法律，要求恢复传统的伊斯兰法，这就是"伊斯兰法复兴"运动，主要涉及利比亚、巴基斯坦、伊朗、苏丹等国。本节主要从伊斯兰法复兴对各主要国家部门法影响的角度，分析伊斯兰法复兴的表现及原因，并进行理性反思。

## 一　伊斯兰法复兴之原因分析

伊斯兰法得以复兴的原因非常复杂。

### （一）社会背景

伊斯兰法的复兴实际上是20世纪60年代以来在中东国家

兴起的伊斯兰复兴运动的一个重要组成部分。追本溯源，此次运动应归因于源远流长的伊斯兰复兴思潮。与其他几大宗教不同，伊斯兰教不仅是一种宗教信仰，同时也是一种社会制度、文化传统、文明方式和社会生活方式。[1] 伊斯兰复兴运动可以说是一种周而复始的现象，经常在历史舞台上上演。早在中世纪，中东伊斯兰国家就已经形成一种流行观念，认为伊斯兰社团要继续保持活力，需要经常进行改革和复兴，以恢复真正的伊斯兰实践，使偏离正道的社团得到新生。[2] 因此，这一观念的支持者认为，伊斯兰世界的颓衰都是偏离伊斯兰正道的结果，解决办法就是回归正统伊斯兰教，从早期《古兰经》、"圣训"教义中寻求答案。18 世纪中叶瓦哈比运动就是这种复兴思潮的第一次重大成功。穆罕默德·本·阿卜杜勒·瓦哈卜与酋长伊本·沙特结盟，建立了政教合一的沙漠王国，以瓦哈比教义为官方正统信仰，主张恢复伊斯兰教的原始教义，净化信仰，回归正道。瓦哈比运动对整个伊斯兰世界都产生了重大影响，瓦哈人也成为近代伊斯兰复兴运动的先驱。随后，伊斯兰复兴思潮还波及南亚、非洲各地。1979 年，伊朗爆发伊斯兰革命，以霍梅尼为首的什叶派穆斯林建立了政教合一的伊斯兰政权，将伊斯兰复兴运动推向一个高潮。正是在这一大背景下，伊斯兰法的复兴运动得以展开。

---

[1] 吴云贵：《伊斯兰教法及其改革》，《宁夏社会科学》1988 年第 5 期，第 70 页。

[2] 金宜久主编《当代伊斯兰教》，东方出版社，1995，第 111 页。

（二）具体原因

除了上述伊斯兰教的特性及时代大背景的原因外，还有一些原因值得探讨。

1. 经济层面

中东大多数伊斯兰国家的经济和社会结构尚未完成由传统农牧社会向现代工业社会的转型。[①] 总的来说，近现代以来的伊斯兰法的变革是外源性的，并不是其本身积累而迸发的产物。就中东非产油国而言，这些国家无法完全转变原来的工业格局，也无法建立起先进的工业体系，向真正的现代工业社会转型十分艰难。而产油国虽积累了雄厚的石油财力，完成了向现代石油工业国的转型，但是此种转变是通过"地租性收入"实现的，并非先进生产力的代表，而且突如其来的巨额财富以及强行嫁接的相关制度并不能与当时的社会情况相融。因此，囿于这种经济和社会结构，近代以来的各种法律现代化的尝试更多只是器物层面上的，至于制度层面则极少涉及，而内化于心的观念层面就更谈不上了。以许多阿拉伯国家为例，其社会仍残存着浓厚的伊斯兰传统家庭、部落观念，很难想象这样的国家能与现代西方个人本位主义的法律理念不发生冲突。更值得一提的是，许多国家在发展的过程中，贫富差距拉大，社会阶层分化剧烈，这也使得一些人产生不患寡而患不均的思想，

---

① 王铁铮：《关于中东国家现代化问题的思考》，《西亚非洲》2007年第2期，第17页。

对伊斯兰教法颇为留恋。

2. 政治层面

（1）就西方法律本身而言，西方法对于中东伊斯兰国家的民众来说还十分陌生，虽然也有部分中东国家在沦为发达国家的殖民地后对西方法有所了解，但这往往也局限于发达地区、中心城市等，而这些西方国家又是以殖民者的面目出现的，民众对它们殊无好感。与此同时，移植西方法也伴随着世俗化的浪潮，这种打上了西方生活方式烙印的世俗化也使得许多穆斯林从宗教情感上难以接受。由此，西方化、世俗化和现代化的发展，使大量非伊斯兰的价值观念、文化、生活方式进入伊斯兰社会，给传统的道德观念、生活方式带来巨大冲击，使传统的社会结构和家庭、部族关系发生了动摇。社会政治、经济结构的变化速度远远超过了人民群众思想意识的发展水平。① 由此所产生的一系列社会问题，诸如信仰淡漠，甚至信仰危机，道德滑坡，不再珍视本土文化等，都被民众当作引入西方制度（包括西方法律制度）所产生的恶果，甚至引起价值冲突和社会逆反心理，从而更加怀念以前，认为传统伊斯兰教法才是救世良方。

（2）就法律变革方式而言，中东近代以来的法律现代化变革通常采用自上而下的、政府主导的模式，甚至有时要依靠

---

① 肖宪：《传统的回归——当代伊斯兰复兴运动》，中国社会科学出版社，1994，第 127 页。

政府强制推行。在本来就没有民众基础的前提下，这种强行引入西方法的方式无疑加剧了民众的不适应性。更有甚者，有些国家罔顾自己传统，完全照搬西方法律，例如在伊朗巴列维王朝时期，此种情况就更加剧了伊朗民众的不适应性，最终加快了伊斯兰革命的爆发。

（3）就中东国家的统治者而言，正是因为民众有这种心理，在社会矛盾尖锐时，一些政治或者宗教领袖便利用这一心理，发动民众，向民众允诺解决这些问题，方法就是回归伊斯兰教原始教义，全面施行伊斯兰教法。某种意义上讲，这其实是一种口号、一种策略、一种武器，因为伊斯兰社会可供利用的政治思想资源有限，而伊斯兰教无疑是可利用的最大资源。所以，这也就是为什么很多主义、思潮都把它当作利器，与他方进行论争。最后，可以看到，无论是现代主义、阿拉伯社会主义，还是伊斯兰复兴主义，其实都是一种"托古改制"的方式，并没有本质差异，实际上谁也不可能彻底回归伊斯兰教的初始教义、教法。因此，这实际上只是实现自己政治主张的一种手段而已。

3. 宗教层面

伊斯兰教是一种特殊的宗教，具有宗教、道德、法律三位一体的特色，它还是一种涉世性很深的宗教，政教分离很困难，也很难将法律从宗教当中抽离出来。伊斯兰教法规范着众多穆斯林的日常生活。正如伊斯兰学者胡西德·艾哈迈德认为："伊斯兰教不是通常被曲解了词义的一种宗教，即所谓仅仅局限于人们的私生活。它是一种完整的生活方式，适应于人类存在的全部领域，伊斯兰教为各阶层人士提供行为指南——个人的和社会的，物质的和道德的，经济的和政治的，法律的和文化的，国家的和国际的。"① 这也正是之前那些主义与思潮没有也不可能完全脱离伊斯兰教谈变革，反而都是在披着伊斯兰教的外衣进行"托古改制"的原因。因此，引入西方法对伊斯兰教法进行变革可谓是牵一发而动全身。事实上，大多数中东伊斯兰国家引入西方法时也都是以伊斯兰法为基础的，且引入最集中的部门法主要在民商法领域，而对最为敏感的婚姻家庭法改革力度并不大。但即便如此，西方法律文化与伊斯兰法律文化间的不相容还是比较明显的。因此，到了改革后期，民众不满情绪增加，伊斯兰复兴势力重新抬头，民众认为西方化、世俗化不能解决本国存在的问题，甚至认为正是由于改革才产生了这些问题。于是，回归传统，回归正道，回到早期的伊斯兰教义和教法成为一些伊斯兰国家的主流思潮。

### 4. 法律层面

引入西方法就是一种典型的法律移植，至于是否可以在不同地域间进行法律移植学界还有争议。但是，大多数学者都还是主张法律移植是可行的。不过，法律移植能否取得成功还取决于相当多的因素。正如孟德斯鸠所言："一个国家或民族的法律与其赖以存在的气候、土壤、贸易、人口、宗教、信仰、

---

① 〔英〕G. H. 詹森：《战斗的伊斯兰》，高晓译，商务印书馆，1983，第 9 页。

风俗习惯等自然条件与社会条件有着十分紧密的关系，这些关系综合起来就构成了所谓法的精神。因此，适合于另一个国家的话，那只是非常凑巧的事。"① 当然，移植成功的案例也有不少。具体来说，法律移植的方式主要包括立法移植、司法移植以及法律理论与观念的移植。从前文可知，大多数伊斯兰国家移植西方法时以立法移植居多，其后亦有一些国家设立了相配套的司法机构。至于最后一种移植则需要全面吸收外国法之思想，由此带动全民法律观念和法律意识的转变。此种移植层次最高，也最为困难。大多数伊斯兰国家移植西方法都达不到这一层面。那么如何判断移植他国法律是否成功呢，标准有很多，主要有：移植的法律是否促进了继受国的社会经济发展；移植的法律是否有所改进或创新，从而对本国的法律体系产生了积极效用；移植的法律是否与本土文化相协调、相融合。如果以上述三个标准来衡量伊斯兰国家引入西方法是否成功，可以发现，相关国家移植的法律有成功之处，也有不足。最大的不足可能在于对移植继受国的本土法律资源研究不足。随着近现代以来中东民族国家的相继建立，民族国家特有的主权属性与民众的本土意识使得法律本土化运动如火如荼。基于此，中东国家以往移植西方法，后来又全面复兴传统法律的行为，实际上是中东伊斯兰国家法律现代化进程中民族主义思潮在法律

---

① 〔法〕孟德斯鸠：《论法的精神》（上册），张雁深译，商务印书馆，1982，第6页。

领域的投射与反映。①

综上，当代出现的伊斯兰复兴浪潮自有其深刻的多方面原因，但追根究底，这实际上是伊斯兰国家近现代以来对以西方为主导的国际秩序的一种应激反应。长期以来，西方国家在政治、经济、军事等方面实力强大，在国际舞台上拥有话语主导权，而伊斯兰国家在现代化进程中却举步维艰，屡受挫折。再加上中东地区地理位置特殊，处于东西两大文明交汇处，而该地区的石油等自然资源又十分丰富，所以中东成为二战结束后国际政治中的"热点"地区。但是在几次中东战争中，阿拉伯国家都被以色列击败，使得圣城耶路撒冷旁落，这一切都使得广大穆斯林一方面产生对西方国家的强烈不满，另一方面又感叹今不如昔，更加怀念以往的强大帝国以及灿烂文化，由此外化为对传统伊斯兰价值观的看重与强调。应该说，此种复兴浪潮从民族宗教情感上是不难理解的。但是如果放弃学习西方，以为重拾伊斯兰原始教义、教法就能够重回伊斯兰辉煌，那么，这些伊斯兰复兴主义者看待问题未免过于表象。

## 二　伊斯兰法复兴之表现

### （一）宪法

苏丹 1973 年宪法第 9 条明确规定："伊斯兰法和伊斯兰惯例是主要渊源。"在埃及，原来的宪法规定，伊斯兰法只是埃

---

① 郑祝君主编《比较法总论》，清华大学出版社，2010，第 232 页。

及立法的"一个主要渊源"，而1980年全民公决通过的修正条款规定，伊斯兰法是埃及立法的"最高渊源"，这使得伊斯兰法被进一步凸显出来。在巴基斯坦，1956年宪法第198条就规定"任何制定法都不得与《古兰经》所规定的伊斯兰禁令相抵触，并应使现有的法律与伊斯兰禁令保持一致"。为此宪法还设立由总统任命的咨询委员会负责监督议会立法，并就如何使现行法律与伊斯兰法保持一致提出建议。随后的1973年宪法更是明确了这一原则，1988年《沙里亚执行法》第3节中又规定"沙里亚应是巴基斯坦的最高法律渊源和指导国家决策的综合规范"①。1979年伊朗伊斯兰革命成功后，伊朗建立了伊斯兰政权，1979年宪法第4、72、170条规定，立法不得与宗教原则和官方命令相抵触，一切与伊斯兰的准则相抵触的法律无效。此外，伊朗又设立最高司法委员会和监督委员会负责修改旧法律，按伊斯兰教法起草新法律和监督议会立法。这两个机构对伊朗法律的伊斯兰化起到了重要作用。②

（二）刑法

在伊斯兰法复兴运动中，对传统伊斯兰刑法的恢复主要集中于经定刑，尤其是饮酒、盗窃、通奸和诬告通奸这四种犯罪的刑罚。利比亚于1969年就发布了禁酒令，1972年恢复了盗

---

① Mohammad Amain, *Islamization of Laws in Pakistan*, Sang‐E‐Meel publications, 1998, p. 232.

② 吴云贵：《伊斯兰教法概略》，中国社会科学出版社，1993，第311页。

窃罪及对偷盗者处以断手刑罚的法律内容，同时也恢复了诬告通奸罪，如罪名成立，则对诬告者处以鞭笞之刑，并判其今后不得出庭作证。巴基斯坦于1979年颁布禁酒法令，规定了对盗窃罪的固定刑罚，对于诬告通奸罪与利比亚规定类似。伊朗1982年颁布的《犯罪惩罚法》规定对饮酒者施以鞭刑，同年也明确恢复了对盗窃者处以断手之刑的规定，并将通奸罪分为五大类，根据情节轻重处以鞭刑乃至死刑。苏丹也于1983年恢复了盗窃罪及断手之刑，并将通奸罪分为已婚通奸与未婚通奸，根据犯罪情节的轻重处以绞刑及鞭笞、监禁和流放之刑。

（三）民商法

与其他部门法不同的是，除了婚姻、家庭和继承法外，伊斯兰国家在民商法领域借鉴西方法的内容最为集中，最早的伊斯兰法现代化改革也是从这一领域入手的。这主要是传统伊斯兰法的相关内容难以适应新的经济、社会发展形势导致的。因此，在伊斯兰法复兴运动中，这一受西方法影响巨大的部门法也被一些伊斯兰国家加以修订。在伊朗伊斯兰革命之前，伊朗其实是一个相当西化的国家，在民商法领域大量移植了法国法的内容，借鉴了法国民法的原则、制度以及概念。但在1979年伊斯兰革命后，这些法律规定被认为不符合伊斯兰教法原则，政府也将大量私人公司进行了国有化改造。1983年，伊朗颁布了新的民法典和商法典，虽然在形式上沿用了法典结构，但是内容上以伊斯兰法为原则。在巴基斯坦，1980年政府恢复了传统的天课制度，并将其作为一种强制性的政府税收项目，而对于放债取利也严格加以禁止。利比亚早在1972年就按照伊斯兰的传统禁止订立赌博性合同和发放彩票等活动。①

在近代中东伊斯兰国家的法律现代化运动中，受到冲击最小的部门法就是婚姻家庭法。大多数伊斯兰国家在这一领域变革的内容较少，仅限于对一夫多妻制及休妻制的调整，伊斯兰法在一些国家复兴后，上述两大主要变革也被废除。其中，伊朗在伊斯兰革命后恢复了传统的多妻制，同时将婚龄大幅降低，并宣布只有男子享有绝对的离婚权，休妻只需单方面作出，无须征得法院同意。

（四）诉讼及司法制度

在苏丹，政府于1974年废除了原有诉讼法并颁布了新的体现伊斯兰教法原则的诉讼法，其中包括《民事诉讼法》和《刑事诉讼法》等主要法律。苏丹还在1983年《司法判决渊源法》中规定："在缺少可适用的法律时，法院应采用《古兰经》和'圣训'中的条文规定。如找不到相应规定，则可根据伊斯兰教法准则行使裁量权。"巴基斯坦于1981年设立了联邦沙里亚法院，主要功能是审查现行法律是否与伊斯兰法相一致。该法院还是涉及伊斯兰法的刑事案件的上诉机构。伊朗在

---

① 高鸿钧：《伊斯兰法：传统与现代化》（修订版），清华大学出版社，2004，第367页。

伊斯兰革命后对司法组织进行了大规模改组，除指令原有世俗法院适用伊斯兰法外，还成立了革命法庭和穆夫提法庭，前者原本为审判前王朝的政治案而设，后来也负责审理宗教案件；后者则是奉行"原教旨主义"的法庭，具有逮捕权和惩戒权。这两个法院均无固定程序，其法官也是由通晓伊斯兰法的学者担任的。① 此外，后来伊朗还完全解散了律师组织。

### 三 伊斯兰法复兴的影响

伊斯兰法复兴对中东各国影响很大，其结果在各国也表现不一。

#### （一）伊朗

伊朗在四国中是受伊斯兰复兴运动影响最大的国家。伊朗是中东伊斯兰国家中较早进入现代化的国家，在巴列维王朝，伊朗就积极引入西方法，模仿土耳其的凯末尔模式，全面进行世俗化改革。与土耳其不同的是，伊朗什叶派宗教势力强大，扎根广大农村地区，巴列维国王在位时实行威权独裁统治，强力推行各项激进的西化改革措施。这导致宗教势力的极大不满，由此逐渐形成了反国王的联盟。1979 年伊朗爆发伊斯兰革命，霍梅尼以"不要西方，不要东方，只要伊斯兰"为理念，建立了伊朗伊斯兰共和国。此后，伊朗改弦更张，将巴列维时代的

---

① 刘雁冰、曾加：《当代伊斯兰法复兴之法理分析与反思》，《宁夏大学学报》（人文社会科学版）2011 年第 1 期，第 142～143 页。

各项西化改革措施完全抛弃，在伊斯兰世界首次开启教法学家治国模式，国家全面伊斯兰化，伊斯兰法也随之复兴。

伊朗新宪法认为一切权力来源于真主，规定所有法律必须符合伊斯兰教法原则，什叶派的十二伊玛目派教义是伊朗国教，国家由担任领袖的教法学家领导，领袖推举的宪法监护委员会则拥有很大的权力。革命后伊朗的其他法律也不同程度上受到伊斯兰法复兴的影响：刑法中传统伊斯兰法有明确规定的部分都被恢复原样，比如不仅完全恢复了经定刑，而且还依据伊斯兰法的精神对同性恋等施以惩罚；在商法领域，因为商事关系距离伊斯兰法较远，且伊朗也急需外国的资本与技术发展经济，所以革命后的商法几乎没有受到伊斯兰法复兴的影响，伊朗反而借鉴西方国家商法，颁布了有关投资、税收、公司等方面的新法律；至于民法部分差异则比较大，其中财产法仍以借鉴移植西方法为主，而人身法特别是婚姻家庭法领域则因涉及伊斯兰教义，受伊斯兰法复兴影响大，例如，伊斯兰革命后伊朗对原家庭法的许多内容作了修订，降低了婚龄，增加了附条件的多妻制与离婚等规定。

总之，伊朗受伊斯兰复兴运动影响最大，1979年爆发的伊斯兰革命使伊朗发生巨变，从一个西化世俗化的国家转而成为一个伊斯兰共和国，伊斯兰法取代了革命前引入的许多西方法。霍梅尼的去世，加之伊朗国内国际环境的变化，使得霍梅尼时代一些激进的伊斯兰化措施逐渐被取缔，伊朗的做法趋向务实。

（二）土耳其

如前文所述，土耳其的法律现代化改革在中东各国中最为彻底。这是因为以世俗化为核心的凯末尔主义一直是土耳其改革的指导思想，所以土耳其移植西方法无论在广度还是深度上都是其他中东伊斯兰国家所无法比拟的。即便如此，凯末尔的改革还是没能深入偏远乡村，国家借助威权统治来压制各种反对势力，导致不满情绪蔓延。再加之1946年后土耳其启动了多党制的民主政治，相对宽松的政治氛围为伊斯兰复兴创造了条件。在选举中许多政党常常诉诸宗教来争取选民支持。20世纪80年代后，民众对执政不力的世俗政党愈加不满，转而支持伊斯兰背景的党派，繁荣党（被称为"传统伊斯兰主义"）和正义与发展党（被称为"新伊斯兰主义"）能够上台执政就是明证。因此，土耳其的伊斯兰复兴可以说是实行民主政治的结果。但是必须指出，这并未从根本上改变土耳其的世俗化方向，充其量只能说是面对现代化变革带来的若干问题，民众普遍比较迷茫，不知道国家应何去何从。因此说"伊斯兰复兴是民众对未实现的期望的一种回应"① 还是有一定道理的。不同于传统的伊斯兰组织，正义与发展党宣称自己"在用一种健康的方式来塑造宗教与

---

① O. Mehmet, *Islamnic Identity and Development-Studies of the Islamic Periphery*, London: Routledge, 1990, p. 42.

民主、传统与现代、国家与社会间的关系"①。因此即便是伊斯兰政党，其谋求的仍是改良而非将土耳其现行体制推倒重来。

从整体上看，虽然受中东伊斯兰复兴思潮的影响，土耳其也出现了针对世俗化、西方化的一些不同声音，宗教组织的活动明显加强，要求恢复伊斯兰法的呼声也不绝于耳，但是土耳其的伊斯兰复兴相对比较温和，而且都是在法律的框架下进行的。具体而言，土耳其政府从立法和司法上适用了一些传统伊斯兰法的内容。以土耳其新民法典为例，1926年《土耳其民法典》颁布实施后，还是遇到了一些阻力。由于土耳其城乡差距较大，农村地区传统保守势力较强，新法的部分规定与广大农村地区传统习惯产生冲突，最后土耳其不得不对涉及传统伊斯兰法的内容稍加修改，以更好地实施新法。

（三）埃及

受中东伊斯兰复兴浪潮的影响，伊斯兰法影响力不断增强，由此引发了1948年《埃及民法典》的合宪性问题。1985年，埃及的最高宪法法院以法无溯及力为由，拒绝了传统主义者要法院宣告承认利息的民法典第226条、第227条和第228条违宪的请求。②

与他国不同的是，埃及的伊斯兰复兴运动集中体现为穆

---

① Ümit Cizre, *Secular and Islamic Politics in Turkey*, London: Routledge, 2007, p. 76.
② 何勤华主编《法的移植与法的本土化》，法律出版社，2001，第207页。

斯林兄弟会的崛起。穆兄会起源于埃及，是伊斯兰复兴运动中的一个宗教性政治组织，它的影响力遍布中东乃至全球。它的基本宗旨是：以《古兰经》和"圣训"为基础，在现代社会复兴伊斯兰教，建立伊斯兰国家，实施伊斯兰教法。穆兄会号召穆斯林抵制西方思想的侵袭，回归早期伊斯兰教生活。穆兄会主要代表了埃及国内对现状不满的下层民众的诉求。

1981 年穆巴拉克再次当选总统，1987 年 4 月，穆兄会联合了另外两个反对党参加议会选举，一举获得 60 多个席位，成为埃及最主要的反对派势力，从此正式登上埃及的政治舞台，并不断发展壮大。由于对穆巴拉克的独裁威权统治不满，2011 年 2 月 12 日，埃及发生群众示威，引发街头革命，穆巴拉克随即下台。

2012 年 6 月 30 日，埃及穆兄会的穆尔西成为新任总统。其间穆尔西有一些复兴伊斯兰的举措。进入 2013 年，埃及经济形势严峻，财政赤字、通货膨胀率和失业率居高不下，穆尔西竞选时提出的种种目标均未兑现。后埃及又多次爆发大规模人民运动，要求穆尔西和穆兄会下台。而埃及的许多民众和学者也认为埃及的革命不应该被宗教势力控制。2013 年 7 月，上台仅一年的穆尔西被军方罢黜，军方首脑塞西掌控了最高权力，埃及随后成立临时看守政府。而穆兄会和穆尔西的支持者随后又多次走上街头，要求恢复穆尔西职务，其间更是与埃及军方多次爆发激烈冲突。8 月 14 日，军方对穆尔西支持者的营地实施清场，驱逐示威者，造成许多人受伤、死亡，随后，埃及宣布全国进入紧急状态。9月1日，埃及检方将以穆尔西为首的14名穆兄会领导人以涉嫌煽动暴力与谋杀罪移交法院审理，随后11人被判处终身监禁。10月9日，穆兄会被当局解散。12月临时政府将穆兄会正式定性为恐怖组织。2014年4月，埃及法院判处包括穆兄会最高领袖巴迪亚在内的多达683名穆兄会支持者死刑，引发国际哗然，后来法院又改判其中大多数人无罪，但仍维持了183人的死刑判决。塞西在2014年5月的总统选举中获胜并就任总统，埃及将何去何从还有待持续观察。

（四）沙特

沙特的情况在四国中较为特殊。因为沙特在引进西方法时有很大的保留，只在远离传统伊斯兰法的商事领域少量引入了西方法，所以对沙特而言，没有所谓的伊斯兰法复兴，有的只是对传统法律的强调与坚持。

# 第三节　对中东伊斯兰国家法律变革的反思

## 一　全球化背景下中东伊斯兰国家的法律变革及特点

### （一）全球化背景下中东伊斯兰国家的法律变革

全球化浪潮下世界各国的相互依赖性增强，中东伊斯兰国家也不例外。中东伊斯兰国家更多地融入其中，各国法律也更加国际化与趋同化①，特别是在国际商事领域尤为突出。

不同于以往中东伊斯兰国家的法律变革多以引入西方法为主，晚近的趋势是这些国家的法律移植与本土法律交互作用。通常认为法律的趋同化本身也是一个法律移植与本土化的过程，法律移植是对法律趋同化的回应②，而本土化则是指捍卫、复兴地方或民族的传统生活方式、价值观念和规范制度的一种社会思潮和实践活动。③ 有学者认为法律本身就是一种"地方性知识"，法律的"本土资源"并非只存在于历史中，当代人们在社会实践中已经形成或正在萌芽发展的各种非正式制度是最重要的本土资源。④ 这二者的互动凸显了全球化背景下中东伊斯兰国家法律变革的新特点。

（二）全球化背景下中东伊斯兰国家法律变革的特点

1. "全球性""技术性"法律的移植加强了法律的国际化

中东伊斯兰国家法律中的各部门法因本身特性不同而表现不同，这一点在之前也有所体现。在移植西方法的初期，"一方面，在一般刑事和民事交易领域里直接采纳了西方法律；另

---

① 法律趋同化通常是指随着各国交往的频繁和社会发展的需要，历史上存在的国家、民族以及地域间的壁垒会日益被打破，各国调整相同类型社会关系的法律制度相互沟通、吸收、渗透，趋于接近，从而形成一个协调发展的法律框架。

② 何勤华等：《法律移植论》，北京大学出版社，2008，第 224 页。

③ 何勤华等：《法律移植论》，北京大学出版社，2008，第 252 页。

④ 苏力：《法治及其本土资源》，中国政法大学出版社，1996，第 14 页。

一方面，传统沙里亚法仍然制约着私人身份法"①。后来虽然移植西方法的广度与深度都有所加强，但是各部门法间的差距还是很明显的。在宪法、刑法、司法制度等公法领域，移植的西方法几乎完全取代传统的伊斯兰法；而在民商事等私法领域，商法及民法的财产法部分完全采自西方法，民法的人身法部分则以伊斯兰法为主。值得注意的是，全球化背景下还有一些法律本身就具有较强的技术性和跨越国界的特性，如知识产权法、投资法、税法、交通管理法以及自然资源利用与保护法等，这些法律往往被看作一种"技术"，因此，它们轻松跨越了国界，使得这些部门法越来越趋同和国际化。

2. 法律普适化与本土化的对抗加强

在全球化的背景下，各国交往频繁且面临的许多法律困境具有相似性，因此，不同法律制度相互渗透吸收影响，导致各国的法律趋同性增强，法律有了越来越多的共性。再加上许多中东伊斯兰国家都加入了一些国际组织、缔结了一些国际公约，因此法律从整体上呈现趋同与普适化的特点。有学者认为，土耳其近现代以来的法律变革全盘照搬照套西方法，由精英阶层主导，自上而下地强力推动，民间力量动员不足，且过于激进，忽视民间传统的伊斯兰法文化，导致许多法律停留在纸面上，无法得到民众的认同。正是由于徘徊在东西方文化之

---

① 〔英〕诺·库尔森：《伊斯兰教法律史》，吴云贵译，中国社会科学出版社，1986，第182页。

间，土耳其成为一个"无所适从"的国家。① 因此，加强法律本土论，充分挖掘本土的法律资源成为另外一些中东伊斯兰国家的选择。例如，埃及在制定民法典时就考虑到本土的伊斯兰法资源，在引入西方法时尽量选择那些不与传统伊斯兰法冲突的部分，努力协调二者的关系。从民法典颁布后的效果来看，埃及的民法典还是富有生命力的，影响也很深远，辐射到周边许多伊斯兰国家。法律的普适化与本土化之间有对立与矛盾，但是这种对立矛盾也不是不可以调和的，移植外来法并不意味着抛弃本土法律资源，重视本土法律资源也不是一味坚持自己法律文化的特殊性从而忽视法律在人类文化中的普遍特性与法律发展的趋势。

3. 区域合作组织促进法律变革

在全球化的背景下，各种区域性的合作组织越来越多，其规模和影响也越来越大。在中东地区影响较大的主要有伊斯兰合作组织与海湾阿拉伯国家合作委员会。

伊斯兰合作组织（Organization of Islamic Cooperation，OIC），是联合国常驻机构，由 57 个伊斯兰国家组成的国际组织，该组织旨在促进各成员国间在经济、社会、文化等方面的合作。伊斯兰国家首脑会议、外长会议和常设秘书处是其主要的组织机构。该组织还下设伊斯兰开发银行、伊斯兰发展基金会、伊

---

① 〔美〕塞缪尔·亨廷顿：《文明的冲突与世界秩序的重建》，周琪等译，新华出版社，2009，第 146 页。

斯兰经贸常设委员会等重要机构。

海湾阿拉伯国家合作委员会（Gulf Cooperation Council，GCC，简称"海合会"），1981年5月在阿联酋阿布扎比成立，成员国包括沙特、阿联酋、阿曼、巴林、卡塔尔、科威特6国，其总部设在沙特首都利雅得。海合会是中东地区重要的区域性合作组织，迄今为止已发表了多部宣言，并于2007年建立海湾共同市场。

区域合作组织的规则制度也会影响到各成员国的法律。成员国需要适时地修订自己的国内法以符合组织规则，在区域合作组织走向一体化的过程中不断推动自身的法律变革。

## 二　如何理性看待传统与现代、本土文化与外来文化

### （一）传统法律与现代法律

综观20世纪中东伊斯兰国家的法律变革，其核心问题之一就是如何看待传统的法律与法律的现代化。伊斯兰法历史悠久且蕴含着强大的伊斯兰宗教文化价值。伊斯兰法与伊斯兰教密不可分，因此，在奉行伊斯兰教的国家移植西方法进行法律现代化改革，难度之大可想而知。由于各国具体国情不同，出于地理位置、政治经济、民族文化等原因，四国中土耳其移植西方法的阻力相对要小一些；沙特地处伊斯兰教兴起的半岛核心地带，引入西方法的阻力最大，伊斯兰法至今在沙特仍占主导地位；埃及与伊朗的法律现代化进程则介于土耳其与沙特之间。

其中伊朗情况最为特殊。移植西方法进行法律现代化的初期，伊朗大刀阔斧、全盘西化，在伊朗这样一个宗教传统深厚的国家，改革的步伐过大、节奏过快容易导致民众意识形态混乱，无所适从，从而产生逆反心理。1979 年伊朗伊斯兰革命爆发，先前移入的许多西方法被抛弃，伊斯兰法在伊朗全面复兴。因此，在中东伊斯兰国家移植西方法、进行法律现代化改革时应该尽量循序渐进，步子宁肯小一点，不能操之过急，避免疾风骤雨式的改革。过激的改革往往导致钟摆效应，使得传统力量复归，这与改革者的初衷恰恰是背道而驰。后霍梅尼时代的伊朗逐渐开始走温和路线，抛弃了一些激进的伊斯兰化法律。钟摆效应再次显现，只不过这一次摆动的方向相反。

从伊朗的例子中可以看到，传统与现代之间的关系十分复杂。中东伊斯兰国家以西化为表象的法律现代化是外源性的，不是自发产生的。对于中东各国的穆斯林来说，西方法是陌生的，而法律现代化改革又常以国家主导、自上而下的方式推进，改革者通过垄断的政治权力来植入西方法的做法造成了精英与民众的二元对立和分裂。改革越激进，身份撕裂越严重。

但是以上例子并不是说传统与现代根本是对立的，其实伊斯兰教、伊斯兰法与现代性并不矛盾。以土耳其为例，土耳其的西化改革无疑是中东伊斯兰国家中最为彻底的，但是全面"脱亚入欧"的改革也造成民众身份认同的撕裂，民众的宗教需求是客观存在的，无法抹杀，仅仅凭借政治工具去压制这种需求使得土耳其面临严重的政治危机。伊斯兰复兴浪潮随即也影响到土耳其，伴随着国内政治民主化的进程，一些具有伊斯兰背景的政党开始通过合法的议会斗争登上土耳其的政治舞台。综上，传统与现代并不矛盾，伊斯兰教、伊斯兰法亦是如此，关键在于如何理性思考，正确看待二者的关系，使伊斯兰法与时俱进。法律必须是社会现实的反映，这才是法律的生命与灵魂。

（二）本土法律与外来法律

本土法律是指一个国家自己的法律，外来法律是指一国从外国移植的法律。法律的本土化是与法律移植相对应的概念。有学者认为本土化是一种主张、捍卫、复兴地方或民族的传统生活方式、价值观念和规范制度的社会思潮与实践。[①] 法律本土化的思潮与实践正是伴随着大规模移植外来法律而来的。移植外来法律往往被一些人视为对本土法律文化的威胁，因此，法律的本土化经常表现为对外来法律文化的排斥和对本土法律文化的强调。

事实上，本土法律与外来法律的关系密不可分，不可偏废，如何处理好这二者间的关系是法律现代化改革的一大难题。近现代以来中东伊斯兰国家移植西方法的过程就是一个典型的例子。法律文化与一国的价值观念、风俗习惯、民族精神等有着密切联系，移植外来法需要审慎地通盘考量各种

---

① 何勤华等：《法律移植论》，北京大学出版社，2008，第252页。

可能影响移植效果的因素，对于本土的法律资源也应有更深入的研究，尽量避免移植的外来法律因"水土不服"而"名存实亡"，本土法律则内化于心而"名亡实存"。① 因此能够将二者有机地结合起来以实现本土法与外来法的融合是各国法律改革的目标。

近现代以来中东伊斯兰国家政治、经济等整体环境发生重大变化，恪守本土法律无助于解决各国面临的现实问题，为此有学者提出需要对本土法律进行重构，对传统法律资源进行创造性转化，以避免"制度是现代的或接近于现代的，意识则是传统的或接近于传统的"②。即"把一些本国文化传统中的符号与价值系统加以改造，使经过改造的符号与价值系统变成有利于变迁的种子，同时在变迁的过程中继续保持文化的认同"③。

## 三　对中东伊斯兰国家法律变革的反思

20 世纪中东伊斯兰国家的法律变革历程艰难，各国法律变革的路径不一，这与中东地区独有的复杂性相关。

### （一）经济因素

中东地区在很长一段时期内一直保持着以游牧业、农业、

---

① 高鸿钧：《伊斯兰法：传统与现代化》（修订版），清华大学出版社，2004，第 407 页。

② 梁治平等：《新波斯人信札》，中国法制出版社，2000，第 98 页。

③ 林毓生：《中国传统的创造性转化》，生活·读书·新知三联书店，1988，第 324 页。

小手工业等为主体的经济结构，不具备现代化的生产方式和思想理念。在中东地区发现石油后，产油国通过"地租性收入"迅速成为现代石油工业国，但是石油工业一枝独大，经济结构单一，就连石油工业本身也要仰赖外部力量，因此这些国家未能形成代表先进生产力的社会阶层。[①]

（二）政治因素

中东各伊斯兰国家政体不同，但无论是共和国还是君主国，都没有能够从根本上完成政治改革，形成现代化的民主政治。"克里斯玛"式的政治人物不断涌现，恰好说明了中东地区政治制度的不成熟。"中东国家的当权者们既希望通过现代化实现强国之梦，又无限眷恋和崇拜凌驾于万民之上的专制政治，这种'二律背反'现象往往构成对中东国家现代化的制约。"[②]

（三）社会因素

中东地区受其经济结构制约，游牧的生产和生活方式仍占主导地位，再加之该地区许多民族国家形成较晚，家族与部落的观念根深蒂固，国家认同淡薄，由此而形成的价值体系与重视个人权利的西方法律文化大相径庭。

（四）宗教因素

伊斯兰教是一种两世兼重，"涉世性"很深的宗教，追求

---

① 王铁铮：《关于中东国家现代化问题的思考》，《西亚非洲》2007年第2期，第18页。

② 王铁铮：《试论中东国家的现代化》，《西北大学学报》（哲学社会科学版）1996年第2期，第16页。

的是教俗合一，因此中东伊斯兰国家教俗关系复杂，还有许多国家保持着政教合一的政体形式。此外，伊斯兰法律与宗教同生并存，密不可分。伊斯兰法又被称作"天启律法"，被穆斯林认为"永无谬误"。在这样的背景下，中东伊斯兰国家法律变革的难度不言而喻。近现代以来中东地区受各种思潮影响的改革大多没有超出改良的范畴，触及的也仅是法律框架以及与伊斯兰法不相关的问题。而伊斯兰世界需要宗教改革，应主动对其整个法治理念进行批判性的内省和自我更新。

（五）其他因素

中东地区地理位置十分重要，连接东西方，多种人类文明在此交汇，加之石油资源丰富，文明冲突和利益交织使得该地区地缘政治复杂，一直是国际政治的热点地区。近现代以来中东地区战争频仍，国家、民族、教派冲突不断，这种不稳定的外部环境也构成了地区法律现代化进程的不利因素。

正是由于这些不利于中东伊斯兰国家现代化因素的共同作用，以法律的现代化为内容的法律变革同样艰难。如果不能理顺传统与现代、外来与本土的关系，那么法律变革就可能倒退，甚至发生方向性的错误。

从今天中东各国的法律现实来看，纯粹奉行伊斯兰法的国家是少数。大多数国家均是在伊斯兰法的基础上程度不一地借鉴西方法，即便在伊斯兰法复兴运动的高潮时期，完全抛弃西方法、恢复伊斯兰法的国家也寥寥无几，这就说明即便是伊斯兰法复兴也难以撼动中东法律的基本格局。以伊斯兰复兴运动的急先锋伊朗为例，近些年来伊朗也已经逐渐抛弃霍梅尼时代的各种激进法律政策。诚然，中东国家法律现代化的道路可谓是任重道远，但是方向性的错误应该避免。当然，现代化也非只有西方化、世俗化这一条道路。作为附着有强大文化内涵的伊斯兰法，借鉴移植外来法律制度的道路注定艰辛。因此，在方式方法上更要谨慎，如伊朗巴列维王朝时期的急速西方化、世俗化，完全以外来法律文化取代本土法律文化的做法，被证明是行不通的，但是也不能遇到难题就习惯性地回头找药方。传统文化自然应该珍视，但是也不能故步自封，应该与时俱进。

伊斯兰教、伊斯兰法也应顺应潮流，跟上时代发展的要求。应该说伊斯兰教、伊斯兰法在相当长的一段时期，基本还是适应社会发展的。但是西方国家在完成宗教改革、罗马法复兴、文艺复兴以及思想启蒙运动后，政治、经济发展突飞猛进，国力日强，古老的伊斯兰国家对这一切还浑然不觉，直至奥斯曼帝国被西方列强瓜分，伊斯兰国家才意识到传统伊斯兰法已不能适应社会发展需求。此后，伊斯兰国家开始向西方学习，移植了西方法的法律框架，但其内核仍然是伊斯兰式的。"那种一切着眼于或归因于宗教的思维定式，极易导致伊斯兰教被人为地承载过多的非宗教因素。这种状况往往会造成中东国家在文明演进和现代化进程中的方向性迷失。"①

---

① 王铁铮：《关于中东国家现代化问题的思考》，《西亚非洲》2007年第2期，第17页。

客观来说，作为一种"天启律法"，伊斯兰法在早期还可以通过教法学家们创制的新法来适应社会发展，但是自从"伊智提哈德之门"关闭后，伊斯兰法自我更新的能力减弱了，随着社会生活特别是财产关系的复杂化，法律在这方面的规范调整能力不断下降，甚至缺失。这也正是伊斯兰国家最先引入的西方法以民商法居多的原因。现代西方民商法受罗马法影响很大，而实践也证明这一法律体系非常适合现代市场经济的要求。因此，伊斯兰法在这些方面的固有缺陷不容回避。至于其他法律部门，因为婚姻家庭法承载太多传统价值观念，所以近代引入的西方法在这一领域较少涉及，但是传统伊斯兰法的多妻制及休妻制在今天看来确实已不合时宜，而带有中世纪烙印的残酷经定刑也有违现代刑法的基本理念。因此顺应时代发展的要求是十分必要的。①

法律变革是现代化变革中的重要环节。在中东伊斯兰国家进行法律变革无疑是困难的，但是宗教法也并不意味着一成不变。传统伊斯兰法的适用环境业已改变，法律变革已是必然，"虽然这可能意味着同以往传统的根本决裂，但是实际上将要告别的只是特殊的宗教法律结构，而不是宗教的实质。总而言之，这看来是未来发展唯一现实的基础，也是完全放弃以宗教为基础的法律观念唯一可行的替代办法。法律要有活力，则必

---

① 刘雁冰：《当代伊斯兰法复兴之法理分析与反思》，《宁夏大学学报》（人文社会科学版）2011 年第 1 期，第 145 页。

须反映社会的灵魂。而现实伊斯兰社会的灵魂，它的形态既不是任何形式的赤裸裸的世俗主义，也不是中世纪课本里的古板说教"①。

简而言之，随着全球化浪潮席卷世界，你中有我、我中有你的多元文化格局已成趋势。伊斯兰法的现代化道路将何去何从，固然没有最终的标准答案，但是可以肯定的是，法律如不能适应经济基础以及社会的发展，注定是不会有生命力的。

---

① 〔英〕诺·库尔森：《伊斯兰教法律史》，吴云贵译，中国社会科学出版社，1986，第188页。

# 结　论


　　伊斯兰法的历史悠久，有学者认为早期的伊斯兰法就吸收借鉴了许多外来法律的有益因子，教法学家们运用类比、公议等方式"创制"新法，不断推动伊斯兰法的发展。但是公元10世纪中叶以后，随着四大教法学派权威的最终确定，伊斯兰法被认为已臻完善，无须再"创制"新法，"伊智提哈德之门"随即关闭。此后伊斯兰法沿袭传统，停滞不前。17～18世纪，西方列强侵入当时伊斯兰世界的霸主奥斯曼帝国，帝国领土不断被蚕食，内外交困。为救亡图存，19世纪帝国开始了向西方学习的现代化改革，史称"坦志麦特"改革。为尽快废除西方列强的治外法权，法律改革成为"坦志麦特"改革中的重要内容。此次法律改革完全仿效西方法律特别是法国法，陆续颁布了宪法、民法典、商法典、刑法典等，这在伊斯兰世界具有划时代的意义。伊斯兰法首次采用了西方的法典形式，虽然法律的内核仍是伊斯兰法学说，但这是伊斯兰法法典化的开端。

　　"坦志麦特"改革并没能挽救帝国衰亡的命运。第一次世界大战后，奥斯曼帝国解体，后来获得独立的若干伊斯兰国家继续通过移植西方法来进行法律变革。其中，土耳其是奥斯曼帝国的直接承继者，在凯末尔的领导下将"脱亚入欧"作为国家目标，在中东伊斯兰世界第一次实现了政教分离，具有里程碑式的意义。随后土耳其完全照搬西方法进行大规模的法律改革。埃及法律变革的路径与土耳其有所不同，埃及并没有完全照搬西方法，在借鉴西方法的同时也强调伊斯兰法的精神与原则，试图根据自己的国情在伊斯兰法与西方法之间进行调和，走一条折中的法律变革之路。伊朗在一战后效法土耳其进行世俗化的改革，移植西方法，颁布多部法典，改革司法制度。与土耳其不同的是伊朗宗教势力强大，因此伊朗的世俗化改革没有土耳其彻底。伊朗巴列维国王在位时依仗垄断的政治权力推动各项激进的西化措施，由此招致各阶层的不满。1979年，伊朗伊斯兰革命爆发，以西化、世俗化为目标的伊朗现代化改革全面废止，伊朗此后走向全面伊斯兰化，伊斯兰法也由此全面复兴。四国中沙特的情况较为特殊。沙特地处中东腹地，是伊斯兰教的发源地，其也以阿拉伯世界的盟主自居，国内宗教势力强大。因此，沙特一直以来都是伊斯兰法一统天下，只是在商法等远离伊斯兰法的领域借鉴了西方法的一些内容而已。

　　综上，通过对 20 世纪以土耳其、埃及、伊朗、沙特四国为代表的中东伊斯兰国家的法律变革进行梳理，可以得出以下几点结论。

第一，20 世纪中东伊斯兰国家国情不同，因此各国的法律变革既有共性也有不同。

移植借鉴西方法是大多数国家法律变革的共同选择，但表现形式和借鉴程度各有不同。其中，土耳其采取的是全盘照搬西方法的模式，而埃及则没有选择这一模式。埃及一方面积极移植、吸收西方法，另一方面又强调伊斯兰法的精神与原则是立法的重要渊源，埃及选择根据自己国情调和伊斯兰法与西方法，尽量兼顾传统与现代，走一条折中的法律变革之路。伊朗的法律变革之路一波三折，改革的前期从逐渐西化到加速全盘西化，后期又爆发伊斯兰革命，以西化为内核的法律变革戛然而止，最终伊斯兰法全面复兴。综观土耳其、埃及和伊朗这三国的法律变革之路，可以发现，虽然伊斯兰法文化承载着厚重的宗教传统，在中东伊斯兰国家以西化为内核的法律现代化变革困难重重，但是时至今日仍没有证据显示法律现代化变革已经停滞或者失败。从今天中东各国的法律实践来看，纯粹奉行伊斯兰法的国家只占极少数。大多数国家都是在伊斯兰法的基础上程度不一地借鉴了西方法，也就是说伊斯兰法与西方法的混合法占据了中东伊斯兰国家法律文化的主流。即便是在伊斯兰法复兴运动的高潮时期，完全抛弃西方法、恢复伊斯兰法的国家也寥寥无几。

　　第二，20 世纪中东大多数伊斯兰国家的法律变革之路历经波折后都不约而同地选择走中间路线。

　　如前文所述，中东伊斯兰国家的法律变革之路一波三折，其间钟摆效应频现。典型如土耳其与伊朗。土耳其的现代化进程一直是目标定位明确，那就是"脱亚入欧"，在各国中土耳其的西化世俗化道路走得最远也最为坚定，但是改革后期有伊斯兰背景的党派逐渐登上政治舞台，甚至取得执政地位，民众对这些党派的支持其实也正说明民间特别是乡村地区对于西化世俗化道路是充满质疑的，多年来土耳其一直坚定奉行的凯末尔主义也遭遇了挑战。近年来，土耳其对于过去的一些法律制度也在争论调整中。而伊朗的情况与土耳其正好相反。伊朗在巴列维国王时代全面走西化世俗化的道路，但是伊斯兰革命后又复兴伊斯兰，法律也全面伊斯兰化。伊朗从西化再到伊斯兰化，变化不可谓不大。随着霍梅尼的去世以及国内国际形势的变化，伊朗自哈塔米执政以来开始调整对内对外政策，逐渐放弃了那些极端的伊斯兰化措施，政策开始趋向温和。

　　第三，20 世纪中东伊斯兰国家的法律变革必须处理好传统与现代、外来法律与本土法律间的关系。

　　20 世纪中东伊斯兰国家法律变革的核心问题就是如何处理好传统法律与法律现代化以及外来法律与本土法律的关系。伊斯兰法历史悠久，法律本身还承载着宗教文化内涵，伊斯兰法与伊斯兰教密不可分。中东伊斯兰国家以西化为表象的法律现代化是输入型的，而西方法律文化与伊斯兰法律文化差异巨大，法律现代化改革又常以国家主导，利用政治权力自上而下推进，这种植入西方法的方式容易造成精英与民众的对立，民众的不满往往并不是针对现代化本身。诚然传统与现代之间的关系复杂，但二者并非完全对立的关系，传统与现代不总是矛盾的，伊斯兰教、伊斯兰法与现代性既对立又统一，核心在于如何理性思考正确看待二者的关系，能够使得传统的伊斯兰法与时俱进。

外来法律与本土法律是另外一对概念。法律的本土化是与法律移植相对应的概念。法律本土化的思潮与实践正是伴随着大规模外来法律移植而来的。移植外来法律常被一些人认为是对本土法律文化的一种威胁，因此，法律的本土化经常表现为对外来法律文化的排斥和对本土法律文化的强调。事实上本土法律与外来法律密不可分，不可偏废。移植外来法律是一项浩大的综合工程，对于本土的法律资源应有深入的研究，需要审慎地通盘考量包括价值观念、风俗习惯等各种因素，最后将二者有机地结合起来。

第四，20 世纪中东伊斯兰国家的法律变革必须重启"创制之门"，使伊斯兰法得以与时俱进。

近现代以来，中东伊斯兰国家的经济结构、政治体制等业已发生变化，恪守传统法律无助于解决各国面临的实际问题，因此有学者呼吁重开伊斯兰法"创制之门"，在《古兰经》、"圣训"的基础上充分发挥教法学家的作用，对传统法律资源进行整合。这种创造性转化需要尽力发掘本土法律资源中与现代法律价值相通的部分，取其精华，去其糟粕。此外，也要在外来法律文化的土壤中找到能与本土法律文化契合的部分，加以改造利用，为之注入新的意涵，使之顺应时代发展的需求。

# 附录　中东伊斯兰国家相关法律目录

## 《埃及民法典》

### 序编　一般规定

**第一章　法律及其适用**

一、法律与权利

二、法律的适用

　　时间上的法律冲突

　　空间上的法律冲突

**第二章　人**

一、自然人

二、法人

**第三章　物与财产的分类**

# 第一编　债或对人权

## 第一分编　债的一般规定

### 第一题　债的发生根据

### 第一章　合同

一、合同的条件

同意

客体

原因

无效

二、合同效力

三、合同解除

### 第二章　单方允诺

### 第三章　不法行为

一、自己行为所生之责任

二、他人行为所生之责任

三、物件所生之责

### 第四章　无因得利

一、非债清偿

二、无因管理

### 第五章　法律的规定

### 第二题　债的效力

### 第一章　实际履行

第二章　等效履行

第三章　债权的实现与担保方式

一、债权的实现方式

二、一种担保手段：留置权

三、支付不能

第三题　债的样态

第一章　条件和期限

一、条件

二、期限

第二章　多数客体之债

一、选择之债

二、任意之债

第三章　多数当事人之债

一、连带之债

二、不可分之债

第四题　债务移转

第一章　债权让与

第二章　债权转移

第五题　债的消失

第一章　履行

一、履行的当事人

二、履行的客体

第二章　相当于履行的债之消灭

一、代偿履行

二、债的更新与债务指示

三、抵销

四、混同

**第三章　非经履行的债之消灭**

一、债务的免除

二、履行不能·

三、消灭时效

**第六题　债的证明**

第二分编　有名合同

**第一题　移转所有权的合同**

**第一章　买卖**

一、一般规定

买卖的要件

出卖人的义务

买受人的义务

二、某些类型的买卖

附买回权的买卖

第三人财产的买卖

有争议的权利的买卖

遗产的买卖

病危期间的买卖

代理人自己实施的买卖

第二章　互易

第三章　赠与

一、赠与的要件

二、赠与的效力

三、赠与的撤销

第四章　合伙

一、合伙的要件

二、合伙的管理

四、合伙的终止

三、合伙的效力

五、合伙的清算与其财产的分配

第五章　消费借贷和永久年金

一、消费借贷

二、永久年金

第六章　和解

一、和解的要件

二、和解的效力

三、和解的无效

第二题　有关物之使用的合同

第一章　租赁

一、租赁的一般规定

租赁的要件

租赁的效力

租赁权的让与及转租

承租人死亡或支付不能

二、某些类型的租赁

农用地租赁

短期分益租赁

## 第二章　使用借贷

一、出借人的义务

二、借用人的义务

三、使用借贷的终止

## 第三题　完成工作的合同

## 第一章　承揽合同和公共服务特许合同

一、承揽合同

承揽人的义务

定作人的义务

分包

承揽合同的终止

二、公共服务特许合同

## 第二章　雇佣合同

一、雇佣合同的要件

二、雇佣合同的内容

雇员的义务

雇主的义务

三、雇佣合同的终止

第三章　委任

　　一、委任的要件

　　二、委任的效力

　　三、委任的终止

第四章　寄托

　　一、保管人的义务

　　二、寄托人的义务

　　三、某些类型寄托

第五章　诉讼物寄托

第四题　射幸合同

第一章　赌博和打赌

第二章　终身年金

第三章　保险单

　　一、一般规定

　　二、某些类型的保险

　　　　人寿保险

　　　　火灾保险

第五题　保证

第一章　保证的要件

第二章　保证的效力

　　一、保证人与债权人的关系

　　二、保证人与债务人的关系

# 第二编　物权

## 第三分编　主物权

**第一题　所有权**

**第一章　所有权的一般规定**

一、范围和保护方式

二、所有权的限制

三、共有

　　共有的一般规定

　　以分割终止共有

　　强制性的共有

　　家庭所有权

　　建筑物楼层所有权

　　建筑物楼层所有人大会

**第二章　所有权的取得**

一、先占

　　无主动产的先占

　　无主不动产的先占

二、继承和遗产清算

　　遗产清算人的指定

　　遗产清单

　　遗产债务的清偿

　　遗产的交付和分割

　　　　适用于尚未清算的遗产的规定

　三、遗嘱

　四、添附

　　　　不动产之添附

　　　　动产之添附

　五、合同

　六、先买权

　　　　先买权取得的条件

　　　　行使先买权的程序

　　　　先买权的效力

　　　　先买权的消灭

　七、占有

　　　　占有的取得、移转与丧失

　　　　占有的保护

　　　　占有的效力：取得时效

　　　　因占有取得动产

　　　　因占有取得孳息

　　　　费用的补偿

　　　　灭失产生的责任

第二题　所有权的派生权利

第一章　用益权、使用权与居住权

　一、用益权

　二、使用权与居住权

第二章　永佃权

　　　　某些类型的永佃权

第三章　地役权

　　　　　　第四分编　从物权或担保物权

第一题　法定抵押

第一章　抵押的设定

第二章　抵押的效力

　一、抵押在当事人之间的效力

　　　对抵押人的效力

　　　对抵押权人的效力

　二、抵押对第三人的效力

　　　优先权与追及权

第三章　抵押的消灭

第二题　不动产的裁定抵押权

第一章　裁定抵押权的设立

第二章　裁定抵押权的效力、缩减与消灭

第三题　质押

第一章　质押的要件

第二章　质押的效力

　一、在当事人之间的效力

　　　出质人的义务

　　　质权人的义务

　二、对第三人的效力

第三章　质押的消灭

第四章　某些类型的质押

　　一、不动产质押

　　二、动产质押

　　三、债权质押

第四题　优先权

第一章　一般规定

第二章　优先权的类型

　　一、动产之一般优先权与特别优先权

　　二、不动产之特别优先权

# 《埃及刑法典》

## 第一编　总则

第一章　一般原则

第二章　犯罪类型

第三章　刑罚

　　一、主刑

　　二、从刑

　　三、数罪并罚

第四章　共犯

第五章　未遂

第六章　犯罪共谋

第七章　累犯

第八章　缓刑

第九章　正当化事由和刑罚阻却事由

第十章　未成年犯罪人

第十一章　特赦和大赦

## 第二编　危害公共利益的重罪和轻罪

第一章　危害国家外部安全的重罪和轻罪

第二章　危害国家内部安全的重罪和轻罪

第三章　贿赂罪

第四章　贪污、侵夺、挪用公共基金罪

第五章　公务员僭越职权或者懈怠履行职责罪

第六章　公务员强制或者虐待个人罪

第七章　抵制公务员、不服从其命令或者侮辱公务员罪

第八章　脱逃罪和窝藏罪

第九章　破坏封条和窃取档案或者公文罪

第十章　篡夺头衔或者职位罪

第十一章　与宗教有关的轻罪

第十二章　毁坏建筑物、纪念物或者其他公用物品罪

第十三章　妨碍通信罪

第十四章　以报纸或者其他类似手段实施的犯罪

第十五章　伪造纸币或者硬币罪

第十六章　伪造罪

第十七章　交易违禁物品罪和伪造邮政或者电报戳印罪

### 第三编　危害个人的重罪和轻罪

第一章　杀人罪、伤害罪和殴打罪

第二章　纵火罪

第三章　堕胎罪和生产、销售有害健康的伪劣药品罪

第四章　猥亵罪和败坏道德罪

第五章　非法逮捕、羁押罪和偷盗儿童罪、绑架女性罪

第六章　伪证罪

第七章　诽谤罪、辱骂罪和泄露隐私罪

第八章　夺取罪和侵占罪

第九章　破产罪

第十章　诈骗罪和背信罪

第十一章　妨碍拍卖罪和商业交易欺诈罪

第十二章　赌博罪和销售彩票罪

第十三章　故意破坏罪和损毁罪

第十四章　侵犯他人财产罪

第十五章　公用事业单位罢工罪和侵害劳动自由罪

第十六章　恐吓罪和胁迫罪

### 第四编　违警罪

# 《土耳其刑法典》

## 第一编　总则

### 第一章　基本原则、术语定义和适用范围

第一节　基本原则和术语定义

第二节　适用范围

### 第二章　刑事责任的构成要件

第一节　刑责自负、故意和过失

第二节　正当化事由和责任减轻事由

第三节　未遂犯

第四节　共同犯罪

第五节　并合罪

### 第三章　处罚

第一节　刑罚

第二节　保安处分

第三节　刑罚的量定与个别化

第四节　驳回起诉和刑罚消灭

## 第二编　分则

### 第一章　国际罪行

第一节　种族灭绝和反人类罪

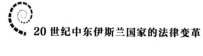

第二节　非法运送移民和人口交易罪

## 第二章　危害个人罪

第一节　侵害生命罪

第二节　伤害身体罪

第三节　酷刑和折磨罪

第四节　违背保护、监督、救助和报告责任罪

第五节　堕胎和绝育罪

第六节　侵害性安全罪

第七节　侵害自由罪

第八节　侵害名誉罪

第九节　侵犯私人秘密罪

第十节　侵犯财产罪

## 第三章　危害社会罪

第一节　造成公共危险罪

第二节　危害环境罪

第三节　危害公共卫生罪

第四节　危害公共信用罪

第五节　危害治安罪

第六节　危害交通工具或者固定平台罪

第七节　危害公共道德罪

第八节　危害家庭秩序罪

第九节　经济、工业和商业犯罪

第十节　妨害数据处理系统罪

## 第四章　危害民族国家罪与最后条款

第一节　公共管理背信罪

第二节　妨害司法罪

第三节　侵害主权标志和最高国家政治机关罪

第四节　危害国家安全罪

第五节　破坏宪法秩序罪

第六节　危害国防利益罪

第七节　侵害国家秘密罪

第八节　危害与国外关系罪

第九节　最后条款

# 参考文献

## 一　中文文献

### （一）著作类

《埃及民法典》，黄文煌译，厦门大学出版社，2008。

《埃及刑法典》，陈志军译，中国人民公安大学出版社，2011。

〔埃及〕艾哈迈德·爱敏：《阿拉伯-伊斯兰文化史》，第1~6册，向科培等译，商务印书馆，1991。

〔德〕K.茨威格特、H.克茨，：《比较法总论》，潘汉典、米健、高鸿钧、贺卫方译，法律出版社，2003。

高鸿钧：《伊斯兰法：传统与现代化》（修订版），清华大学出版社，2004。

《古兰经》，马坚译，中国社会科学出版社，1996。

何勤华主编《20世纪外国司法制度的变革》，法律出版社，2003。

何勤华等：《法律移植论》，北京大学出版社，2008。

何勤华、洪永红主编《非洲法律发达史》，法律出版社，2006。

何勤华主编《外国法制史》（第五版），法律出版社，2011。

〔埃及〕胡祖利：《回教法学史》，庞士谦译，台北：月华文化服务社，1950。

黄金兰：《法律移植研究——法律文化的视角》，山东出版集团、山东人民出版社，2010。

黄维民：《中东国家通史·土耳其卷》，商务印书馆，2002。

金宜久主编《当代伊斯兰教》，东方出版社，1995。

〔法〕勒内·达维德：《当代主要法律体系》，漆竹生译，台北：五南图书出版公司，1990。

雷钰、苏瑞林：《中东国家通史·埃及卷》，商务印书馆，2003。

马明贤：《伊斯兰法：传统与衍新》，商务印书馆，2011。

〔法〕孟德斯鸠：《论法的精神》（上下册），张雁深译，商务印书馆，1961。

〔埃及〕穆斯塔发·本·穆罕默德艾玛热编《布哈里圣训实录精华》，坎斯坦勒拉尼注释，穆萨·宝文安哈吉、买买提·赛来哈吉译，中国社会科学出版社，2004。

〔英〕诺·库尔森：《伊斯兰教法律史》，吴云贵译，中国社会科学出版社，1986。

彭树智：《文明交往论》，陕西人民出版社，2002。

丘日庆主编《各国法律概况》，上海社会科学院法学研究所编译，知识出版社，1981。

上海社会科学院法学研究所编译室编译《各国宪政制度和民商法要览·非洲分册》，法律出版社，1987。

上海社会科学院法学研究所编译室编译《各国宪政制度和民商法要览·亚洲分册》，法律出版社，1987。

《土耳其刑法典》，陈志军译，中国人民公安大学出版社，2009。

王铁铮、黄民兴等：《中东史》，人民出版社，2010。

王铁铮、林松业：《中东国家通史·沙特阿拉伯卷》，商务印书馆，2000。

王铁铮主编《全球化与当代中东社会思潮》，人民出版社，2013。

王铁铮主编《沙特阿拉伯的国家与政治》，三秦出版社，1997。

王铁铮主编《世界现代化历程·中东卷》，江苏人民出版社，2010。

王新中、冀开运：《中东国家通史·伊朗卷》，商务印书馆，2002。

王云霞：《东方法律改革比较研究》，中国人民大学出版社，2002。

吴彦：《沙特阿拉伯政治现代化进程研究》，浙江大学出版社，2011。

吴云贵：《当代伊斯兰教法》，中国社会科学出版社，2003。

吴云贵：《伊斯兰教法概略》，中国社会科学出版社，1993。

吴云贵：《真主的法度——伊斯兰教法》，中国社会科学出版社，1994。

肖光辉：《法律移植传统法律文化的变迁——基于中、日、印、土亚洲四国的观察》，山东人民出版社，2010。

肖宪：《传统的回归——当代伊斯兰复兴运动》，中国社会科学出版社，1994。

徐国栋：《非洲各国法律演变过程中的外来法与本土法——固有法、伊斯兰法和西方法的双重或三重变奏》，法律出版社，2001。

昝涛：《现代国家与民族构建：20世纪前期土耳其民族主义研究》，生活·读书·新知三联书店，2011。

（二）期刊论文类

冯卓慧：《法律移植问题探讨》，《法律科学》（西北政法学院学报）2001年第2期。

郭春明：《埃及违宪审查制度研究》，《河北法学》2008年第9期。

洪永江、贺鉴：《伊斯兰法与中东伊斯法国家法律现代化》，《阿拉伯世界研究》2002年第1期。

蒋军洲：《伊斯兰埃及民法典西化的成功与失败》，《河北法学》2008年第1期。

孔令涛：《埃及宪法的创设、沿革及其修改》，《阿拉伯世界研究》2009 年第 5 期。

李艳枝：《试论土耳其的宪法更新与民主化进程》，《国际研究参考》2013 年第 8 期。

李艳枝：《土耳其伊斯兰复兴运动研究》，博士学位论文，南开大学，2009。

林松业：《从"三大法案"到"国民对话"——兼论后冷战时代沙特阿拉伯的政治变革》，《西亚非洲》2010 年第 12 期。

刘中民：《伊斯兰复兴运动与当代埃及》，《西亚非洲》2000 年第 3 期。

马明贤：《近现代伊斯兰法研究》，博士学位论文，西北大学，2005。

马明贤：《沙特阿拉伯王国的法制现代化》，《西亚非洲》2008 年第 6 期。

汤唯：《伊斯兰法文化的变革与趋向》，《法律科学》（西北政法学院学报）1998 年第 2 期。

田文林：《抗拒与变迁：中东经济现代化的多维透视》，《阿拉伯世界研究》2001 年第 3 期。

王京烈：《伊斯兰宗教改革与中东社会变革——世界史视角下的中东社会发展剖析》，《阿拉伯世界研究》2007 年第 1 期。

王铁铮：《关于中东国家现代化问题的思考》，《西亚非洲》2007 年第 2 期。

王夏晔:《伊斯兰与转型中的中东》,《阿拉伯世界》2002
年第 2 期。

魏本立:《土耳其 1982 年宪法与 1961 年宪法的比较研
究》,《西亚非洲》1985 年第 6 期。

夏新华:《非洲法律文化研究》,博士学位论文,中国人
民大学,2005。

徐国栋:《1948 年〈埃及民法典〉:浴水中的婴儿》,《法
律科学》(西北政法学院学报)2008 年第 1 期。

徐国栋:《一个正在脱亚入欧的国家的奋斗——土耳其民
法典编纂史》,《比较法研究》2006 年第 2 期。

杨振洪:《伊斯兰法与伊斯兰教的比较研究》,《比较法研
究》1988 年第 4 期。


## 二 英文文献

Aharoni, Reuven, *The Pasha's Bedouin : Tribes and State in the Egypt of Mehemet Ali, 1805-1848*, New York: Routledge, 2007.

Ai-Azme, Aziz, ed., *Islamic Law : Social and Historical Contexts*, London: Routledge, 1998.

Al-Arayyed, S. A., *Islamic Law as Administered in British India and in Joint British Courts in the Arabian Gulf, 1857-1947*, Manama: al-Ayam Press, 2001.

Ali El-Dean, Bahaa, *Privatisation and the Creation of a Market-*

Based Legal System : The Case of Egypt, Koln: Brill, 2002.

Ali, Syed Ameer, The Personal Law of the Mahommedans : According to All the Schools, London: W. H. Allen & Co. , 1880.

Alon, Yoav, The Making of Jordan : Tribes, Colonialism and Modern State, London: I. B. Tauris, 2007.

Amanat, Abbas, Frank Griffel, eds. , Shari'a : Islamic Law in the Contemporary Context, Stanford: Stanford University Press, 2007.

Anderson, Norman, Law Reform in the Muslim World, London: The Athlone Press, 1976.

Ann-Na'im, Abdulahi Ahmed, Toward an Islamic Reformation : Civil Liberties, Human Rights, and International Law, Cairo: The American University in Cairo Press, 1990.

Arabi, Oussama, Studies in Modern Islamic Law and Jurisprudence, The Hague: Kluwer Law International, 2001.

Arjomand, Saïd Amir, ed. , Constitutional Politics in the Middle East : With Special Reference to Turkey, Iraq, Iran and Afghanistan, Oregon: Hart Publishing, 2008.

Bassiouni, M. Cherif, The Islamic Criminal Justice System, New York: Oceana Publication, Inc. , 1982.

Bhattacharjee, A. M. , Muslim Law and the Constitution, New Delin: Eastern Law House, 1994.

Blyth, Robert J. The Empire of the Raj, India, Eastern Africa *and the Middle East, 1858 - 1947*, Basingstoke: Palgrave Macmillan, 2003.

Coulso, Noel J. , *A History of Islamic Law*, Edinburgh: Edinburgh University Press, 1964.

Coulso, Noel J. , *Conflicts and Tensions in Islamic Jurisprudence*, Chicago: University of Chicago Press, 1969.

Dien, Mawil Izzl, *Islamic Law : From Historical Foundation to Contemporary Practice*, Edinburgh: Edinburgh University Press, 2004.

Doi, A. Rahman I. , *Shari'ah : The Islamic Law*, London: Ta-Ha Publishers Ltd. , 1984.

Dutton, Yasin, *The Origins of Islamic Law : The Qur'an, the Muwatta'and Madinan' Amal*, London: Curzon Press, 1999.

Fatima, Tanzeem, *Islamic Law and Judiciary : Trend-setting Judicial Pronouncements on Islamic Law since 1950*, New Delhi: Deep & Deep Publications Pvt. Ltd. , 2001.

Haddad, Yvonne Yazbeck, Barbara Freyer Stowasser, eds. , *Islamic Law and the Challenges of Modernity*, Oxford: AltaMira Press, 2004.

Heer, Nicholas, *Islamic Law and Jurisprudence*, Seattle: University of Washington Press, 1990.

Hilse Dwyer, Daisy, *Law and Islam in the Middle East*, New York: Bergin & Garvey Publishers, 1990.

Hoyle, Mark S. W. , *Mixed Courts of Egypt*, London: Graham & Trotman, 1991.

Ian Edge, *Islamic Law and Legal Theory*, Dartmouth: Dartmouth Publishing Co Ltd. , 1996.

Janin, Hunt, André Kahlmeyer, *Islamic Law : The Shari'a from Muhammad's Time to the Present*, London: McFarland & Company, Inc, Publishers, 2007.

Kamali, Mohammad Hashim, *Shari'ah Law : An Introduction*, Trivandrum: Oneworld Publications, 2008.

Khadduri, Majid, Herbert J. Liebesny, eds. , *Law in the Middle East :* [Vol. I] *Origin and Development of Islamic Law*, Washington, D. C. : The Middle East Institute, 1995.

Lewis Ruttley, Hilary, Chibli Mallat, *Commercial Law in the Middle East*, London: Graham & Trotman, 1995.

MacDonald, Duncan B. , *Development of Muslim Theology, Jurisprudence and Constitutional Theory*, New York: Charles Scribner's Sons, 1903.

Mallat, Chibli, *Introduction to Middle Eastern Law*, Oxford: Oxford University Press, 2007.

Mallat, Chibli, ed. , *Islam and Public Law : Classical and Contemporary Studies*, London: Graham & Trotman, 1993.

Mohammadi, Majid, *Judicial Reform and Regorganization in 20th Century : State-Building, Modernization and Islamicization*,

New York: Routledge, 2008.

Nasir, Jamal J., *The Islamic Laws of Personal Status*, London: Graham & Trotman, 1990.

Nathan, J. Brown, *The Rule of Law in the Arab World : Courts in Egypt and the Gulf*, Cambridge: Cambridge University Press, 1997.

Nielsen, Jorgen S., Lisbet Christoffersen, eds., *Shari'a As Discourse : Legal Traditions and the Encounter with Europe*, Farnham: Ashgate, 2010.

Schacht, Joseph, *An Introduction to Islamic Law*, Oxford: Clarendon Press, 1964.

Stewart, Devin J., *Islamic Legal Orthodoxy : Twelver Shiite Responses to the Sunni Legal System*, Salt Lake: University of Utah Press, 1998.

Zubaida, Sami, *Law and Power in the Islamic World*, London: I. B. Tauris, 2003.

# 后　记

　　本书系教育部人文社会科学研究一般项目（11XJC820002）和陕西省社会科学基金后期资助项目"移植与本土化——近现代中东伊斯兰国家的法律变革"的成果，凝结了我对伊斯兰国家法律变革的深入研究，是一部富有原创性的学术作品。出于对史学的浓厚兴趣，再加之工作后一直从事外国法律史的教学与科研，我选择了攻读西北大学中东研究所世界史专业博士学位。在中东研究所几年的学习中，我领悟到了什么是学术的积淀与传承，中东研究所浓厚的学术氛围和严谨的治学态度使我受益良多。在本书即将面世之际，我向在学术和人生道路上给予我无私帮助与支持的老师、同学及家人致以最深的感谢与敬意。

　　首先，感谢导师王铁铮教授。本书从选题构思到初稿的打磨，再到最终成稿的完善，每一步都凝聚着王老师的辛勤付出和精心指导。王老师学术功底深厚，做人做事严谨自律，从王

222

老师身上我学到了许多，王老师不但引领我走上学术之路，还关心我的工作生活，常嘱我注意身体健康，要平衡好工作与生活。师恩如山，我将永远铭记在心，没齿难忘。

其次，我还要感谢彭树智教授，耄耋之年的彭先生仍笔耕不辍，坚持每日"千字文"。先生教导我们后辈要找到自己的学术生长点，对此我受益终身。先生的治学为人永远是我们后辈学习的楷模。

再次，我还要向黄民兴教授、李利安教授、韩志斌教授、马明贤教授表示感谢。黄老师博学广智，为人谦逊，做学问严谨细致，对学生关怀有加。李老师在宗教学课堂上旁征博引，鼓励大家交流分享观点，使人印象深刻。韩老师学养深厚，堪称良师益友。感谢马明贤教授指出书稿中的不足之处，并提出了许多宝贵的意见。

从次，感谢闫向莉、王国栋、范文娟、周丽娅、樊哲旺、刘建华同窗，一起度过了几年宝贵的求学生涯，缔结了深厚的友谊。

最后，我最想感谢的是我的家人，尤其是我的老公。因为共同的法学背景，我们经常在一起讨论专业问题，本书从选题到终稿，离不开你的帮助，以及你给予我的很多中肯意见。

当然，由于本人精力和能力所限，本书肯定还存在诸多不足之处，还请学界同人批评指教。

**图书在版编目（CIP）数据**

20世纪中东伊斯兰国家的法律变革／刘雁冰著 .
北京：社会科学文献出版社，2024.12. -- ISBN 978-7-
5228-4381-0

Ⅰ . D937

中国国家版本馆 CIP 数据核字第 2024DZ5014 号

20 世纪中东伊斯兰国家的法律变革

著　　者／刘雁冰

出　版　人／冀祥德
责任编辑／李明伟　宋琬莹
责任印制／王京美

出　　　版／社会科学文献出版社·区域国别学分社（010）59367078
　　　　　　地址：北京市北三环中路甲 29 号院华龙大厦
　　　　　　邮编：100029
　　　　　　网址：www.ssap.com.cn
发　　　行／社会科学文献出版社（010）59367028
印　　　装／三河市东方印刷有限公司

规　　　格／开本：889mm×1194mm　1/32
　　　　　　印张：7.25　字数：150 千字
版　　　次／2024 年 12 月第 1 版　2024 年 12 月第 1 次印刷
书　　　号／ISBN 978-7-5228-4381-0
定　　　价／89.00 元

读者服务电话：4008918866